JLA 図書館実践シリーズ 6

公共図書館員のための
消費者健康情報
提供ガイド

アンドレア・ケニヨン, バーバラ・カシーニ **著**

野添篤毅 **監訳**

公共図書館による医学情報サービス
研究グループ **訳**

日本図書館協会

The Public Librarian's Guide to Providing Consumer Health Information

ISBN0-8389-8200-X
Andrea Kenyon and Barbara Palmer Casini for
the Public Library Association
Copyright © 2002 by the American Library Association
PLA
50 East Huron Street, Chicago, Illinois 60611-2795
1-800-54502433, ext. 5PLA
www.pla.org   pla@ala.org

First published in 2002 by Public Library Association,
a division of the American Library Association

Japanese translation rights arranged with the American Library Association,
Chicago through Tuttle-Mori Agency, Inc., Tokyo.

公共図書館員のための消費者健康情報提供ガイド ／ アンドレア・ケニヨン, バーバラ・カシーニ著 ； 公共図書館による医学情報サービス研究グループ訳 ； 野添篤毅監訳. － 東京 ： 日本図書館協会, 2007. － 262p ； 19cm. － (JLA 図書館実践シリーズ ； 6). － The public librarian's guide to providing consumer health information の翻訳. － ISBN978-4-8204-0701-0

t1. コウキョウ トショカンイン ノ タメ ノ ショウヒシャ ケンコウ ジョウホウ テイキョウ ガイド a1. ケニヨン, アンドレア (Andrea Kenyon) a2. カシーニ, バーバラ (Barbara Casini) a3. コウキョウ トショカン ニ ヨル イガク ジョウホウ サービス ケンキュウ グループ a4. ノゾエ, アツタケ s1. 健康情報 s2. 図書館資料収集 s3. 情報検索 ①015

監訳者まえがき

　健康・医療・医学に関する話題は，近年，新聞，テレビ，雑誌，そしてインターネット上に溢れている。また人々の健康についての情報や情報源に対する要求もますます強くなっている。米国で一般の人向けの医学書として注目を浴びたのは，1945年に出版され，わが国でもその訳書がベストセラーとなった，『スポック博士の育児書』(B. Spock, Baby and Child Care)であった。この図書によって母親の育児の方法が革新したとまで言われ，医学と市民との接点ができるきっかけとなった。1960年代，米国ではラルフ・ネーダー(Ralph Nader)を中心とした自動車産業に対する消費者運動(consumerism)が盛んとなり，そのうねりは福祉，医療にも及び，一般市民が医療に関心を持つこととなった。1975年に出た米国病院協会(American Hospital Association)の患者の権利章典(Patient's Bill of Rights)では，「患者は，彼らの病気に関する診断，治療，予後について，患者が適正に理解できる言葉で医師から最新の情報を受ける権利がある」と宣言した。

　患者と医師の関係は，これまでのような権威ある専門家と従順な患者というパータナリズムともいえる主従関係ではなく，医師と患者がパートナーシップを結ぶ関係へと変化してきた。この動きに呼応して，患者もいろいろな場面で，自分自身で意志決定をすることが求められてきた。意志決定の際には，患者は数ある情報の山から質の高い，自分に適した情報を選択することが必要となってきた。このことは患者だけでなく，彼らを取り巻く家族，そして将来に患者となるかもしれない一般市民にも及んでいる。そして，医療が病

気を治すばかりでなく，病気を予防することの重要性が叫ばれるようになってきた。必要とされる情報の範囲も，「医学・医療」から「健康」へと広がってきた。

1970年代，米国内ではこのような環境下で，医療を受ける消費者としての市民への健康情報の提供に関するプロジェクトが公共図書館，病院図書館を中心にさまざまな地域で展開された。そして市民のための健康情報を消費者健康情報 Consumer Health Information (CHI) と呼ぶようになった。特にこの分野で積極的な啓蒙活動をしてきた Alan Rees によって，1981年に消費者健康情報源のバイブル本ともいえる，"Consumer Health Information Source Book" が編集・出版され，第7版（2003年）まで刊行されていることは，この分野の発展を物語っている。現在では，ニューヨーク公共図書館のような大規模図書館から，地域の公共図書館，病院図書館，大学の医学図書館，独立の消費者健康図書館そして地域の情報ネットワークなどで，それぞれの館，組織の特性を生かし，地域社会に密着した多様な消費者健康情報サービスが行われている。そして消費者健康情報サービスは，今や米国の公共図書館のサービスの重要な柱の一つとなっている。

行政機関からの医療情報の発信は，米国厚生福祉省の傘下である米国国立医学図書館（National Library of Medicine: NLM）が中心となって活発な活動を行っている。NLM は従来から医療専門家への医学文献データベース MEDLINE を中心とする情報サービスに専念してきたが，1990年後半にその方針を転換し，一般市民にもそのサービス対象を広げ，質の高い，信頼のおける健康情報を提供することとなった。そのことによって国内の患者が減り，医療費の減少にもなると考えたのである。その方針から1998年，一般市民向けに評価を受けたウェブサイトによる健康情報ポータルサイト MedlinePlus を開設した。このサイトは消費者から大きな反響を得て，

年間7600万人もの人が利用し，6.6億ページが見られているという（2005年）。この背景には，もちろんインターネットの急激な普及があることは言うまでもない。しかし，インターネット時代においても図書館による，特に市民に密接な公共図書館の役割は弱まることはなく，本書の各所に書かれているようにいっそう強まっている（わが国，米国での消費者健康情報サービスの歴史と現状については，『健康・医学情報を市民へ』（日本医学図書館協会刊，2004）が参考になる）。

本書は，公共図書館や医学図書館で一般市民への健康情報の提供に深い経験のある米国フィラデルフィアの2人の図書館員が書いたもので，米国図書館協会（American Library Association）の一部門である公共図書館部会（Public Library Association）の出版物として2002年に刊行された。著者の一人は，図書館情報学分野での著名なレビュー誌である *Library Trends* が2004年に2巻（vol.53 no.2-no.3, 2004）にわたって刊行した消費者健康情報の現状特集において報告を提供している。

このガイドの内容は，健康情報の消費者についての概観，公共図書館での医学・健康にかかわる各種のレファレンスサービスの実践，健康情報提供の際の倫理的，法的な問題点の整理と解決法，図書館での健康分野の蔵書の構築法，インターネット上の健康情報源とそれらの評価のしかた，CHIサービスでの公共図書館と地域の関連機関との連携，そして図書館での消費者健康情報サービス実行のための計画立案の実際などである。本書ではCHIサービスの長い経験を積んだ著者らが，公共図書館での消費者健康情報サービスについての実践的な解説とその実務での問題の処理方法を具体的な例によって示している。

わが国においても，公共図書館での市民からの医学・医療・健康に関係するレファレンス質問が多くなり，CHIサービスの重要性が

認識されるようになってきた。この傾向は公共図書館ばかりでなく，患者図書室の急増，大学医学図書館の一般市民への公開などにも現れている。また研究面でも厚生労働科学研究では，「患者・家族のための良質な保健医療情報の評価・統合・提供方法に関する研究班」(2004年～2006年) をはじめとして各所で検討がなされている。消費者健康情報サービスについてのパスファインダーも登場している (例：愛知淑徳大学図書館 http://www2.aasa.ac.jp/org/lib/)。このように，わが国においても消費者健康情報に対する関心は非常に高まっている。

このガイドは，もちろん米国の医療，そして図書館の現在の環境を背景にして書かれてはいるが，わが国の公共図書館での CHI サービスの効果的な実現にとっても非常に参考になるものであろう。特にサービスの実践にあたっての注意すべき具体的な項目の提示，レファレンスインタビューでの詳細な注意点，各種の資料それぞれに対する蔵書構築のしかた，参考にすべきデジタル情報資源のウェブサイトの幅広いリスト，健康情報に関連する機関・団体，そして参考文献などは，図書館の現場で利用者との健康情報の仲介者として活動しているわが国の図書館員にすぐにでも役立つガイドとなるだろう。

本書の翻訳は，日本図書館協会に 2004 年に設立された健康情報研究委員会の委員を中心とした公共図書館による医学情報サービス研究グループのメンバー（公共図書館員，医学図書館員，大学教員など）によって翻訳された。メンバーによって書かれた翻訳文は，監訳者が各章を 3 回から 4 回にわたって詳細に読み，訳語，訳文の訂正，訳語の統一などを行った。私の作業が遅々として進まなかったために，メンバーの方々による最初の翻訳文の終了から本書が完成するまでに 2 年もの年月がかかってしまった。これはひとえに監訳者の責任である。翻訳文を作成し修正をしていただいたメンバー

の方々にお礼するとともに，特に私が行った各章の翻訳文の訂正原稿を丁寧に点検・整理して最終原稿を完成していただいた杉江典子氏（駿河台大学文化情報学部）の綿密な作業がなければ，本書は完成しなかったことをここに記しておく。

　最後に本書がわが国の公共図書館，そして各種の図書館での消費者健康情報サービスの実現と実施に活動されている図書館員の方々への有効な指針となることを祈っている。

2007 年 4 月

野　添　篤　毅

凡例

1. 本書は，Andrea Kenyon; Barbara Casini. The Public Librarian's Guide to Providing Consumer Health Information. Chicago, Public Library Association, 2002. の全訳である。ただし国内で入手困難な情報源，アクセス不能なウェブサイトなどについての情報で削除した個所がある。

2. 本文中の引用文献の表記は原書のまま採用した。例えば「Nozoe 2006, 10」は Nozoe が著者名，2006 が出版年，10 が文献中の掲載ページ数を表している。

3. 原則として本文中の図書のタイトルは原綴りのままイタリック体で，雑誌名は原綴りのまま，ウェブサイト名は「訳語（原綴り）」で（ただし固有名詞は原綴りのまま）で示した。

4. ウェブサイトの URL は 2006 年 1 月末時点にアクセス可能であった URL に修正した。

5. 補足の必要な個所には訳注をつけ，本文中に [ ] で示した。

6. 索引は新たに作成した。

目 次

監訳者まえがき iii

はじめに 1

●1章● 地域需要評価の実行 …………………………………… 4

●2章● 健康情報の消費者 ……………………………………… 11
- 2.1 健康情報探索への挑戦 13
- 2.2 消費者の特徴と彼らの期待 17
- 2.3 消費者の健康情報ニーズ 21
- 2.4 オンラインによって健康情報を探す人々 24
- 2.5 図書館の役割 28

●3章● 健康レファレンスサービス …………………………… 36
- 3.1 健康レファレンスインタビュー 37
- 3.2 健康質問に効果的に回答するための検索戦術 41
- 3.3 健康情報を提供する図書館員が直面している問題 51
- 3.4 あなたの健康に関するレファレンス技術を磨く 53
- 付録 55

●4章● 健康情報提供における倫理的責任と法的問題 ……… 60
- 4.1 倫理的責任 61
- 4.2 倫理綱領 62
- 4.3 法的問題 69
- 4.4 あなたのリスクを最小限にするために 78

contents

●5章● 消費者健康分野の蔵書の構築 ……………89

- 5.1 方針および評価指針　89
- 5.2 健康分野の資料の選書のためのツールと情報源　107
- 5.3 ニュースレター, 定期刊行物, 雑誌　119
- 5.4 視聴覚資料　124
- 5.5 パンフレット　131
- 5.6 多文化・多言語の健康分野の情報源　140
- 5.7 低いリテラシー能力と健康リテラシー情報源　143

付録：ラドノー郡区記念図書館：健康科学蔵書構築方針　155

●6章● インターネット：公共図書館における健康情報消費者および健康情報サービスへの影響 …………158

- 6.1 インターネット情報源の種類　162
- 6.2 インターネット情報源の評価　178
- 6.3 図書館が提供できる付加価値付きサービス　188

●7章● 消費者健康情報提供のための連携 ……………204

- 7.1 連携することの利点　204
- 7.2 連携のための資金供給　206
- 7.3 連携の事例　207
- 7.4 成功するプロジェクトのための連携機関探し　216

目次

●8章● 消費者健康情報サービスの計画立案と資金調達 ……… 221
8.1 計画の推進　221
8.2 申請書　230
付録：資金調達計画を作成するための情報源　234

●9章● 消費者健康情報サービスのための広報と行事企画 ……… 240
9.1 一般の人々とのコミュニケーションの基本原則　240
9.2 消費者健康情報サービスを広報するためのツール　242
9.3 消費者健康サービス提供の一部としての行事企画　244
9.4 評価　250
付録：ラドノー郡区記念図書館行事企画方針　252

訳者あとがき　257
索引　259

本書の翻訳にあたっては，平成16年度東京都図書館協会の研究助成を受けている。

はじめに

　健康は，我々の社会で最も関心を持たれている話題である。新聞や雑誌，ラジオやテレビなどいろいろなメディアに見られる記事を，我々は毎日，読んだり耳にしている。それらは，ヘルスケアシステムの現状や健康保険の補填範囲の問題，病気の新しい診断法や治療法の新しい展開（伝統的なものや，そうでないものも含め），我々の健康的な生活や長生きについてのライフスタイルの選択とその影響といった予防的ケアなどである。広義には，ヘルスケアには伝統的な医療，食事療法，エクササイズやフィットネス，そして個人だけではなくその家族の健康に関連する意思決定をも含んでいる。現代のヘルスケアシステムの変化は，個人についての意思決定にいっそうの責任を置くようになってきている。医師・患者間の役割は，専門家の権威と受動的で従順な患者といった関係に基づくものから，医師・患者両者の協力と完全なセルフケアを典型とするものへと変化してきた。要求の拡大と情報源の縮小という環境の中で，消費者は自分自身のヘルスケア問題や，同様にそのことが地域や社会全般にも影響を与えていることについても，十分な知識を持たなければならなくなっている。

　消費者への健康情報の用意と提供は，公共図書館にとって挑戦でもあり，また発展のまたとない機会でもある。公共図書館は率先して健康情報の知識の格差を解消する役割を率い

ていく可能性を持っている。公共図書館は，健康情報を入手することを妨げるような文化的，社会的，教育的，経済的な要因を打ちこわす能力を有している。消費者間の技術格差は，健康情報が電子的に入手可能になればなるほど広がってきている。公共図書館には印刷体や電子媒体による幅広い健康情報源への等しいアクセスを提供することによって，このような障壁を取り除く責務がある。多くの面で消費者健康情報は図書館の利用者の生活にとって重要なものとなり，そればかりか地域のすべての人々の要求にも見合うものとなることができる。そして，普段図書館を利用しない人々にさえそのことが言える。公共図書館はすべての地域に設けられていて，社会のあらゆる層にサービスを提供し，単一の見解を示すことはないから，彼らは必須の情報へ接近するための，中立で威嚇的でない環境を提供することを可能にしている。すべての図書館管理者にとって，彼らがこのきわめて重要な分野での図書館サービスをどのように発展させるのかを考慮することはとても重要である。

　かつては，ディレクトリや教科書を集めた小さな基本的な蔵書をつくれば，図書館の役割を満足させたと言えただろう。今日の公共図書館は幅広いサービス計画を熟慮する必要があり，そこには，図書館独自の蔵書，健康に関する話題についての図書館内での展示，他の機関や図書館とのネットワークの構築，オンラインデータベース（その多くには文献の全文が含まれる）やインターネット上にある急速に増加する情報源へのアクセス，図書館の特定の地域の需要につながる健康の話題に関する特別の講演者や講座といった，おびただしい数の情報源が含まれるだろう。健康情報は可能な限り明確な

言葉で定義されなければならないし,そこにはライフスタイルの選択にかかわる情報も含まれていなければならない。他の分野の情報源と同様に,図書館の利用者は入手できた資料の典拠を評価するための助けを必要とするだろう。

　本書では,消費者健康情報の提供において公共図書館がその役割を果たす方法について概観する。ここには,地域の健康に対するニーズへの評価,健康情報のレファレンスインタビューの実行,健康情報に関する蔵書の構築と管理,健康教育プログラムの提供,他の健康情報提供機関との協力関係の構築,健康情報サービスに対する可能な資金提供,この目的のためのインターネットやオンラインの情報源の利用などが含まれている。

1章 地域需要評価の実行

　地域需要評価とは,地域が必要としているサービスや情報源の分析手法のことである(Murray 1995)。この分析は蔵書構築,行事企画,アウトリーチサービスを決定する際の価値あるツールとなる。これは目標として定めたサービスについて正当な理由づけをする際の需要や援助を特定し,優先順位をつけることの助けとなる。適切に実施された調査によって,地域中の情報格差を正確に示すことができ,特定の地域のためのアウトリーチ目標の決定が可能となる(Westbrook 2000)。さらに,地域評価は,図書館の利用者にとっての障害,機会,そして情報源への広範囲の理解を得るまたとないチャンスである(Burroughts 2000)。これは,レファレンスサービスやレフェラルサービスのための潜在的な地域の協力者や情報源を特定する際に助けとなる。

　需要評価計画では,収集すべき情報,データ収集によく使われる手法,どこで情報を見つけることができるのか,といったことを明確にすべきである(Murray 1995)。需要評価は,図書館のスタッフが実施するか,あるいは外部のコンサルタントによって実行されることが可能である。多くの場合,データ収集は,地域からのメンバーが含まれている委員会によって行われる。需要評価の範囲は,資金やスタッフの時間,そしてその情報が将来どのように利用されるのかなどという

制限された要因に依存している。需要評価の実例のためには図書館学，医学や社会科学などの分野の文献の検索をすることが有用であろう。以下に，あなたの地域需要評価計画を策定する際に有益な情報源について記す。

米国国勢調査データ

www.lib.umich.edu/govdocs/amfact/slide1.htm

米国国勢調査委員会による人口および経済データ（American Factfinder Census Demographic and Economic Data）

http://factfinder.census.gov

インターネットでの国勢調査情報の探し方についてのチュートリアルによる解説（ミシガン大学図書館，Grace Yorkによる）。

アリゾナ州の図書館のための蔵書構築トレーニング

www.dlapr.lib.az.us/cdt/commneeds.htm

このサイトは，アリゾナ州立図書館（Arizona State Library）が作成したもので，需要評価を実行する根拠と実施の手順について簡潔に論じられている。将来の助けとなる大変有用な参考文献リストあり。

地域分析の方法および評価（Community Analysis Method and Evaluative Options: The CAMEO Handbook）

http://skyways.lib.ks.us/pathway/cameo/

このサイトは，MGT of Americaとの協力によってバージニア図書館（Library of Virginia）の司書グループにより準備された。このサイトによって，公共図書館はデータ収集と評価のための基本ツールの選択と利用について，優れたガイドを見つけ出すことができるだろう。

あなたの地域のプロファイリング

http://skyways.lib.ks.us/pathway/profile.html

これは，北東カンサス図書館システム（Northeast Kansas Library System）によって行われたワークショップに基づく「計画立案への新しい道」(New Pathways to Planning) というWebページからの1モジュールである。このサイトは，小規模な公共図書館のための企画ツールとして設計されている。このモジュールでの作業は，あなたの地域やその住民に関するデータを収集し，組織化し，分析する際の助けとなる。この包括的なサイトには印刷可能なワークシートや広範囲にわたる書誌が含まれている。

地域分析のための情報源

http://www.michigan.gov/hal/0,1607,7-160-17451_18668_18688-52763--,00.html

ミシガン州立図書館（Library of Michigan）によって開発されたこのサイトは，地域分析を実施するミシガン州の図書館用につくられている。このサイトでは全国規模のデータ収集について，情報源に関する多くの有益なリンクが提供されている。

サウスカロライナ州立図書館（South Carolina State Library）：WWW上にある地域分析に役立つ情報源

www.state.sc.us/scsl/lib/commscan.html

データ収集について情報源に関するリンクが提供されている，もうひとつのサイトである。

Spatz（2001）とMurray（1995）は，ともに健康情報の需要評価のための有益な提案をしている。そこでは以下のような

点が含まれている。

現在の需要認識を評価すること：地域からの意見を求める方法として，アンケート，対面インタビュー，フォーカスグループといったものがある。これらの方法にもそれぞれの長所と短所がある。郵便によるアンケートは，多数の人々の意見を確かめるのに最小限の時間で済ますことができる方法である。この方法は匿名で行うことができるが，担当者による直接の説明や内容を明快にすることができないので，質問が誤解されることがある。郵送のための材料や郵便にかかるコストも考慮に入れるべきである。

電話によるインタビューは，地域社会の断面に到達する方法を提供している。しかし，これは郵便によるアンケートと比較してさらに大きな労力を必要とするし，電話しても相手がつかまらないことも避けられない。さらに言えば，電話による依頼はしばしば家庭では歓迎されないものである。対面でのインタビューは，時間はかかるが，インタビュアーは質問を明確にすることができ，面接を受ける人からより多くの情報を引き出す機会が与えられる。

フォーカスグループでは，討論のリーダーが，お互いに会話してリーダーの質問に反応して自身の見解を示すことのできるような5人から12人の小グループに相対することになる。フォーカスグループになるメンバーには，図書館の利用者，教会のような地域の組織，自助グループ，青年商業会議所のような地域の経済団体，高齢者センター，PTAそしてヘルスケア提供者といった地域のコミュニティ団体が含まれるだろう。Glitz (1998) はフォーカスグループの実施のためのよい情報源を提供している。

消費者健康情報に対する現在の需要を確定するために，図書館内のデータを収集・評価すること：これを行うために下記のデータの収集・分析を行う。
- レファレンス質問－健康に関するものがどのくらいの割合を占めるのか測定する。
- 貸出統計—貸出の中で健康に関連する資料の貸出回数とその割合を測定する。
- 相互貸借統計—他の図書館から借りた健康に関する資料の数やその主題について測定する。
- 蔵書分析—健康に関連する蔵書の割合，資料の新しさ，そしてそれらが扱っている主題などについて測定する。

どのような団体や機関が健康情報を提供し，それはどの程度のレベルであるか分析すること：図書館は他の地域の図書館組織が提供するサービスをどのように補うことができるかを見出すこと。病院図書館，地域の健康システムや医療センターの患者教育や広報の部門，地域の健康部局や他の政府機関，保険会社や健康維持機構（Health Maintenance Organization: HMO），米国心臓協会（American Heart Association）や関節炎財団（Arthritis Foundation）の地方支部，近隣の他の公共および学術図書館との接触をはかりなさい。

地域の人口統計や社会経済的な側面を調査すること：政府機関や，郡区や学区の行政機関は有益な情報源である。それらには以下の情報が含まれる。
- 総合的な人口と年齢の分布
- 平均的な教育レベル
- 平均収入
- 主要あるいは重要な第二言語

●主要な文化的特質

どのような情報需要が存在するのか調査すること：あなたの地域に特別な関心を持たれている健康に関する問題があるかどうかについて調査する。当面の対処と追跡材料として，何が必要とされるかを確定するために，あなたの地域の病院での上位10位ないし20位の疾病診断群（Diagnostic Related Group: DRG）のリストを入手しなさい。これはまた，地域の健康に関する問題を示すものとなるかもしれない。地域の健康問題は，健康部局のような地方行政機関，商工会議所，社会福祉サービス機関などとの接触によっても明らかにすることもできるかもしれない。地域の健康システムや医療センターでは，その地域自身の健康調査がすでに用意されているかもしれない。地域の自助グループや支援グループは，地域的な問題についてのまた別な兆候を示し，また情報源ともなる。全国紙や地方紙は，現在抱えている問題について明確にする助けとなる。例えば，全国的な健康に関する問題が地方に与える影響を確認するのには，地方紙は大変に価値のある情報源である。

全国的な健康問題の傾向を確認すること：最も役に立つ情報源のひとつとしては，350以上の全国的な組織が加盟するHealthy People Consortiumと協力してアメリカ連邦政府によって開発された健康問題に関する目標群がある。この目標群の報告書である *Healthy People 2010* では，個人，地域，専門家が健康を改善するためのプログラムを開発するために具体的なステップの作成に挑戦している（DHHS 2000）。ここでは2つの最重要な目標を設定している。それらは健康的な生活の質の向上とその期間の増大，そして健康の不均衡な状況を

なくすことである。これらの目標を達成するために，特に最優先される領域や特定の目標については，www.health.gov/healthypeople で提供されている。

引用文献

Burroughs, Cathy. 2000. "Success with Outreach: The Community Assessment." *Dragonfly* 31, no. 3. http://nnlm.gov/pnr/news/200007/success-2.html.

Department of Health and Human Services (DHHS). 2000. *Healthy People 2010: Understanding and Improving Health*. 2d ed. Washington, D.C.: Government Printing Office. www.health.gov/healthypeople/publications.

Glitz, Beryl. 1998. *Focus Groups for Libraries and Librarians*. New York: Forbes Custom Publishing.

Murray, Susan. 1995. "Setting the Stage." In *Developing a Consumer Health Information Service: A Practical Guide*. Toronto: Metropolitan Reference Library.

Spatz, Michelle. 2001. "Planning and Managing the Consumer Health Library." Workshop manual, PLA/ALA/MLA conference "The Public Library and Consumer Health: Meeting Community Needs through Resource Identification and Collaboration," January 10-11, Washington, D.C.

Westbrook, Lynn. 2000. "Analyzing Community Information Needs: A Holistic Approach." *Library Administration & Management* 14, no. 1: 26-30.

2章 健康情報の消費者

　1997年の *Medicine and Health* 誌に掲載された「もはや患者ではなくなった？　消費者はヘルスケアという車の運転席に座りたいと思っている」という論文のタイトルは，賢い健康消費者という新しい波の出現を反映している。この論文は，患者は医療に対して受動的であり畏敬の念を抱いているという文化に置きかわる「強い懐疑主義」という新しい文化を示すものであった（Gore 1997）。今日の健康消費者は，自分たちのヘルスケアに関する意思決定にかかわりたいという強い希望を持っている（Deber et al.1996; Degner et a.1997; Laine and Davidoff 1996; Quill and Brody 1996; Tand and Newcomb 1998）。彼らは必要なときに正確な答えを得たいと思っており，それらを得るためにインターネットのような新たな情報源を使っている。「医師の立場が強く患者の立場は弱いという伝統的な医師と患者との関係は，患者が選択できるようになったことと患者の健康を管理することにおける，医師と患者とのパートナーシップとに基づいた『消費者運動家』との関係へと置きかわりつつある。……どのようにして誰からケアを受けるのかについての情報を得た上での判断をできるように自分自身で備えるために，消費者は医学的症状，治療法の選択肢，そして医師についてなどの情報へのアクセスを求めて，ますますオンラインの情報源を使うようになってきている。」（Reents 1999, 1）

ニュージャージー州の8つの薬局で行われた調査によると，病気と薬物療法についての患者の知識は急激に増加してきているとのことである。さらに患者は自分が何を知らないかを知っており，知識を増やしたいと望んでいる（Lyons et al. 1996）。

ある調査研究によると，情報を持ち治療に参加しようとする患者には利益があることがわかっている。ヘルスケアに関する意思決定にかかわった消費者は，受けた治療により満足し医師の薦めにもよく従う傾向にあり，よりよい治療成果を上げている（Hornberger et al.1995; Manfredi et al. 1993）。また，情報探索を病気とのつきあい方のひとつとして用いている人々もいる（Weisman 1979）。知らない病気についての情報を知れば，患者や介護者は不安が減り，自制の感覚が強まり，家族は意思決定により効率よくかかわるようになる（Tringli 1986）。

消費者健康情報に対するこのような関心は，医師，保険業者，その他の健康情報の伝達者に，情報供給のための伝統的なアプローチを変えることを余儀なくさせている。医師は「指導者としてではなく，人々が自分たちの健康について意思決定をすることを支援するための案内役として，患者との新たな関係を築くこと」を求められつつある（Neuberger 1998）。

これまでに行われてきた調査研究から，ヘルスケア専門家は市民にとって最初の健康情報の情報源であると言われてきている。しかし，ウェブサイトのような消費者健康情報の増加から見て，医師と患者の間の情報交換だけでは患者側の需要に見合っていないということが明らかである。カリフォルニア州の健康情報消費者への調査では，回答者のうち85％が医師や医療提供者に相談をしており，彼らは健康情報を提供してくれる最も重要で役に立つ唯一の情報源とみなされて

いた（Pennbridge et al. 1999）。しかし同時にこの調査では，医師は健康情報を提供してくれる最も役立つ情報源であるとみなされる一方で，彼らにはいつも簡単に相談できるとは限らないと考えられていると報告されている。

　これらの理由から，市民は公共図書館を含むさまざまな情報源からの健康情報を探し求めるようになってきている。消費者健康情報のニーズと情報探索行動を理解することによって，公共図書館は利用者の健康情報についての質問に効果的に答えるための準備をよりよくできるようになるのだ。

2.1 健康情報探索への挑戦

　健康情報を探している消費者は，よい情報，よくも悪くもない情報，悪い情報という海の中を漂っているようなものである。インターネット上の情報源の増加，健康関係の出版物の急増，各種メディアの健康情報への関心の高まりにより，市民は大量の健康情報を利用できるようになってきている。このことは，消費者のために書かれた質の高い健康情報の入手がむしろ難しかった20年前から考えると，歓迎すべき変化である。当時は，消費者健康情報を提供する図書館員は，一般の人々のために書かれた出版物で入手できるものなら何でも，予算の範囲では購入したものである。情報の洪水のような現在の状態は，また別の問題を生み出してきている。1980年代にはもっと消費者健康情報に関する出版物が増えることを祈っていた我々に，「欲するものに対し慎重であれ，そうすれば手に入れることができるだろう」という古い格言を思い出させる。

大量の情報源に飲み込まれた消費者は，情報を絞り込み，評価するという困難を抱えることになる。Rees（2000）は，医療消費者が現在立ち向かっている挑戦は情報を探すことではなく，相反する情報や疑わしい大量の情報からどのようにして必要な情報を取捨選択すればよいのかを決定することであるという，医療消費者主義の傾向についての的確な概観を述べている。彼は，「大多数の消費者はそのような情報を扱う能力に欠けているので，情報によって力をもらうことにはかなり限界があるだろう。断片的な医療情報をつなぎ合わせたり，相反する考え方を調和させることは，教育のある一般人にとってすらやっかいなことである」と述べている（Rees 2000, 19）。

　また別の困難も存在する。すなわち健康情報源は増加しているにもかかわらず，健康情報へのアクセスが依然として問題となっているということである。特に都市の貧困層や地方に住む人々にとってそうである。研究者によると，健康情報を探す人々と健康情報の提供者が直面しているおもな障害には以下のようなものがある（Anwar 1994; Murray 1995; Rees 1991; Spatz 2001; Urgo 1999）。

●非識字あるいは低い読み書き能力：全米成人読み書き能力調査（National Adult Literacy Survey）（Kirsch et al.1993）によると，21％から23％の成人人口（16歳以上）――1億9100万人の成人アメリカ人のうちおよそ4400万人――が，レベル1（ある程度は読む能力があるが，何かの申込用紙を記入したり，食べ物のラベルを読んだり，子どもに簡単な物語を読んだりすることができない）のスコアであった。成人人口のうち25％から28％――4500万から5000万人

――は，レベル2（こま切れな情報を比較したり，対比したり，つなぎ合わせることなどはできるが，もっと高度な読解力や問題解決能力などは持っていない）のスコアであった。

●**文化的に適切な情報の欠如**：少数民族のコミュニティに属する人々は，文化的に適切な情報源への乏しいアクセスによって引き起こされる知識ギャップにしばしば直面している。

●**言語による障害**：2000年の国勢調査によると，5歳以上の人口のうち4490万人が，家庭では英語以外の言語を話していると推定されている。このうち1950万人が英語を話すのが「あまり流暢ではない」。

●**質の高い健康情報を見極め，評価することの困難さ**：図書館員同様，多くの消費者も，健康情報資源を探したり，使ったり，評価するための訓練や経験が不足している。

●**狭い範囲の情報ニーズを扱っている情報源の不適切さ**：「情報過多」であるにもかかわらず，情報不足であるという問題もある。入手できる数少ない情報は，ヘルスケア専門家のために書かれたものである。

●**ヘルスケア専門家の態度**：Tangら（1997）によると，患者は自分の病気や治療方法について，医師を訪問した際に通常得られる以上の情報を得たいと思っている。しかし医師も，ヘルスケア提供者も，患者に対して詳細な健康情報を提供できるだけの十分な時間や情報源を持っていない。それでも多くの医師が，自分たちは患者に彼らが知りたがっていることを話しているという自信を持っている。一方で患者が質問するのは，医師が自分の技術に対して自信がない，

あるいは患者が医師の権威におびえているせいである，と解釈している医師もいる。医師は，自分たちが提供する情報や，患者自身が探し出した情報を彼らが理解できているのかという疑問を抱いている。また，患者が情報過多になっているのではないかという心配をする医師もいる。健康情報の質，特にインターネット上の情報源について不安を表明し続けている医師もいる。患者が健康に関する意思決定に対してより積極的であることを歓迎する医師もいるが，多くの医師はインターネットからの大量のプリントアウトを持って診察にやってくる患者に対して否定的な反応をしている。薬の直接的な販売が増え，患者が広告や誤った主張に影響されやすくなっているため，「情報によって力を得た」患者を受け入れたがらない医師もいる。

その他，以下のような図書館に関する問題も，市民に健康情報を提供することに対する障害の要因となっている。
- **健康に関する質問への回答を見つける調査には時間がかかること**：健康情報に関する質問は複雑なので，消費者健康情報を探すことは労力のいる仕事であることが多い。
- **経済的制約**：消費者サービスや消費者情報源の促進・提供のための資金には制限があり，常に得られるとは限らない。また専門分野の蔵書のための資料は高価であり，定期的な更新が必要である。
- **図書館によるサービス提供の制約**：以上のようなことは，健康情報の提供に公共図書館が責任を負っているということが認識されていないためであろうし，同時に職員や，蔵書，知識，研修などの欠如のためであろう。

2.2 消費者の特徴と彼らの期待

　典型的な健康情報消費者などというものは存在しないが，DeeringとHarris（1996）は，消費者健康情報に対する情報ニーズについて述べ，アメリカ人の情報探索行動に関する興味深い知見を明らかにしている。

- **年齢**：年をとればとるほど，ヘルスケアの利用とともに健康情報の消費も増える。年配の人ほど若者より情報を持っており，情報を求めて複数の情報源を利用する傾向にある。しかし，若い人々ほどインターネットのような新しい情報源の利用に対して受容力がある。
- **障害**：障害を持った人々が健康情報を探す割合は，平均より高い。また，彼らは消費者情報に満足しにくい。
- **人種と民族**：これらは潜在的に重要な変数である。しかしこれまでに行われてきた研究は，他の人口学的要因と比較して，人種や民族などとの相対的影響を評価するには規模が小さすぎる。
- **教育的，社会経済学的要因**：教育の程度と収入は，健康情報がどのように消費されるかに大きな影響を与えている。健康で裕福な人々と健康だが貧しい人々との間の格差がそれを示している。健康だが貧しい人々は，健康で裕福な人々の半分しか健康関係の資料を読んでおらず，また健康に問題がある場合でも健康で裕福な人々の3分の1しか健康情報を探さない。健康だが貧しい人々は，健康で裕福な人々の2倍も情報入手について困難に直面している。ヘルスリテラシーは，消費者が健康情報を理解し解釈する能力に影響を与える。基本的なヘルスリテラシー技術の不足した消

費者は，間違った情報に悪影響を受けやすい。

さらに Tudiver と Talbot（1999）は，性別による情報探索行動の違いを指摘している。通常，女性は男性よりもより多くの情報を得ている。しかし男性も健康に関する問題を抱える場合には，彼らも情報を得ようとするという。また，女性は自分以外の人々のために健康情報を探す傾向にある。男性は一般的な健康問題よりも，特定の問題についての助けを探そうとする。

患者の自分の治療方法に対する見方や医療の意思決定にかかわりたいという望みは，年齢，病気の深刻さ，憂鬱や不安，社会経済学的状態，人種や民族の違い，以前受けたケアの経験，個人個人の病気とのつきあい方などを含む多くの要因によって影響を受けている（Sensky and Catalan 1992）。患者の個人的特性，価値観，信念，教育のレベルと能力，そしてヘルスケア提供者の行動などが，患者の意思決定や情報探索に影響を与えるという研究結果も報告されている（Barsevick and Johnson 1990; Beeney et al. 1996; Borgers et al. 1993; Catalan et al. 1994; McKinstry 2000; Navarro and Wilkins 2001）。健康に関する意思決定に効果的にかかわるためには，患者は医師を訪問した際に得られる以上の健康情報を必要としている（Tang et al. 1997）。加えて，患者は医師を訪問した後でしばしば疑問を抱くものである。また，患者は医師の説明の一部しか理解していないことが多く，医師から受けた指導をすぐに忘れてしまうものである（Ley 1982）。

元気な「医療消費者」から病気を持った患者への変異もまた，情報探索行動へ影響するだろう。HIV に感染した人々を

対象とした調査からは，すべての患者が情報を強く求めているものの，何らかの発病の徴候がある患者の方が徴候のない患者よりも自立性が低いということが明らかになっている (Catalan et al. 1994)。Taylor の文献レビューで，「患者が自らの情報ニーズをどの程度認識しているか，自分のニーズに合致した医療情報を入手し，加工し，理解する能力がどの程度あるか，医学的な意思決定をどの程度自分でコントロールしたいと思っているか，という点において個人差がある」ということがまとめられている (Taylor 2000, 131)。情報探索行動や，それらが患者の服薬行動，意思決定，患者の満足度やアウトカム，自らの健康への活用，医師と患者との関係などにどのように影響を与えているかについての研究が，最近ますます行われるようになってきている (Lubalin et al. 1999; Schneider and Epstein 1998; Tang and Newcomb 1998)。医師が提供した健康情報を患者は後で思い出せないという研究もある (Calkins et al. 1997; Ley 1982)。

　健康情報を探す利用者とやりとりをする際には，以下にあげる利用者の特徴や利用者の持つ期待を意識しておく必要がある (Perry and Kirkpatrick 1991)。利用者は，
- 図書館利用能力や調査能力を備えておらず，自分の疑問の答えを見つけ出すためにどこから始めればよいのかまったくわからないことが多い。
- 複雑な質問に対して，簡潔で率直な回答を期待している。
- 自分に特有の問題について特定的に扱った情報を得たいと思っているので，同じような問題を持つ個人個人の健康状態がさまざまな要因によって生じているということを理解できないことがある。

●不適切あるいは間違った情報を持って図書館へやってきて，それらの内容に格差があるにもかかわらず，情報提供者に回答を見つけてもらうことを求める。
●相反する情報の解釈ができない。
●情報の質を評価する能力が不足している。
●提供された医療や医学的な統計を評価したり，解釈したりすることができない。
●短気，ストレス，恐れ，挫折感，疑い，物事の解決や実現への期待という強い希望など，といった強い感情を表すことがある。

　患者がどのような感情を抱くかは，質問の性質や，彼らが図書館のどこで誰に質問をするかによって異なる。患者といっても，ごく最近に診断を受けて「気が動顛」している患者もいれば，最新の治療法に関する情報を欲している慢性病のいわゆる「ベテラン患者」や，誤った治療をされたために医師を訴えたいと思っているような失意で腹を立てている患者などさまざまな状態にある。医学分野の専門職向けの文献では，医師に不満を抱いている患者の割合は高いという報告がされ続けている（Neuwirth 1999）。診察や治療について適切に情報を提供されなかったとき，患者は疑いや心配，不満などを感じている（Harris 1992; Sutherland et al. 1998）。深刻な症状は，情報を取り入れたり，思い起こしたりすることに対して悪影響を与えるという研究もある（Borgers et al. 1993; Jassak 1992）。患者は与えられた情報を理解できていないとか，医師によって提供された情報に満足していないということを示す研究も多数ある（例えば，Ley 1982）。退院後の治療計画に対する患者

の理解についての研究では，患者が医師から言われたことをどの程度理解しているかについて，医師は高く見積もりすぎていると報告されている（Calkins et al. 1997）。さらに医師があまりにも忙しく見えたり，患者は何を質問すればよいのかがわからないために，患者やケア提供者はヘルスケア専門家に質問をすることをためらうことがある（Meissner et al. 1990; Harris 1998）。そのような患者は自分たちの質問への回答を得るために，どこか別の場所へ行かねばならないと感じている。だからこそ，地域の公共図書館へやってくる患者の数は増え続けているのだ（Baker et al. 1998; Calabretta 2002）。

2.3 消費者の健康情報ニーズ

消費者は健康情報に関する幅広い情報ニーズを持っている。それは以下の文献中で述べられている（Moeller 1997; Macro International 1999; Rees 1991）。その中には以下のような項目が含まれている。

- ●病気とその状態に関する情報：症状，診断，予後などの質問，市販薬や処方薬を含んだ治療方法，特定の食事療法，代替治療，補完治療などについての質問。これらは公共図書館員や消費者図書館員によると，最も一般的に求められる情報である（Baker et al. 1998; Macro International 1999; Marshall et al. 1991; Moeller 1997）。
- ●行動科学的な健康問題：行動の問題や，感情の問題には，虐待，うつ病，依存症，自殺，摂食障害，睡眠障害，注意欠陥障害などがある。これらの症状に付随した徴候によって，人に知られたくないという希望を抱くようになり，これが

情報探索行動を妨げることもある。そのような利用者は，図書館にある情報源をブラウジングしたり，図書館員に相談せずに図書館のコンピュータでネットサーフィンをしていることが多い。

- **医学的検査と治療手順**：どのような治療がなされるのか，潜在的な合併症はあるのか，回復するのにどのくらいかかるのかなど，医学的な治療手順をよりよく理解するための質問。

- **病気とのつきあい方とサポートサービス**：疼痛管理，医療機器や設備（車椅子，歩行器，住居の改修など），家庭におけるケアやホスピスや支援グループやオンラインのディスカッショングループなどといったサポートサービスを含んだ，特定の病気や症状の日々の管理のための対処法についての質問。障害のある人々は，生活の質の問題，旅行，性生活，理学療法，作業療法に関する情報源などについて知りたいと思っている。

- **健康維持と予防**：健康的な食事療法，運動プログラム，病気を引き起こす物質などについて述べている情報源。

- **ヘルスケアサービスの利用**：どうすればヘルスケアサービスに効果的にアクセスでき，利用できるかについての質問には，特定の病院や医師の評価，生前の意思決定やインフォームドコンセントについての法律的・倫理的質問，ナーシングホームを選ぶ方法，などを支援してくれるような信頼性の高い情報や統計データを求めるものが含まれる。Rees (2000, 2) は，今日の消費者の拡大したニーズには，「医療保険の選択，保険の範囲の詳細，除外事項，制限事項，控除条項，定額自己負担，処方可能な薬，緊急時のケア，控

訴などが含まれる。これらの医療コストという要因は，医療消費者主義の新たな広がりを伝えてくれている」と指摘している。
- ●**解剖学と生理学**：妊娠，月経，更年期，性行動，加齢などにおいて身体がどのように機能しているのかについての質問。
- ●**学校の課題**：学生が学校の課題のために行う調べ物。ここまでに述べてきたあらゆる話題が含まれるが，薬物濫用，喫煙，摂食障害，妊娠，デートレイプ，家庭内暴力などのような若者に関係する問題に集中しやすい。学生は，医学分野における教育的あるいは職業的な機会についての情報を探していることも多い。

消費者は，自分のために情報を収集するだけでなく，配偶者や，病気の子どもや，年配の両親など，他の人のためにも健康情報を探し求める。また別の例では，それはケアを行っている家族の一員や，支援や励ましを提供するために情報を探している信頼のおける隣人である。C. エベレット・クープ地域健康情報センター（C. Everett Koop Community Health Information Center）で行われた調査によると，利用者の56％が自分自身のために情報を得ており，21％が家族のために情報を探しており，19％がその他の理由で探しており（たいていは学校に関係あり），8％が友人のために探していることがわかっていた(Marco International 1999, 5)。80％以上の利用者が，複数の人々というよりも，1人の人のみのために情報を探していた。

2.4 オンラインによって健康情報を探す人々

インターネットは，情報源と情報交換のための資源という健康情報を探し求める人々の領域を拡張させた。「アメリカ人は，自分の健康に関する情報を求めてますますインターネットを使うようになってきている。不可能ではないにしても以前は得ることが困難であった情報に消費者がアクセスできるようになったため，患者と医師という伝統的な役割は変化し始めている。」(Calabretta, 2002, 32) このことは，医師と意思決定を共有し日常的にセルフケアを実践する力を得た消費者を重視する，というヘルスケア分野におけるパラダイムシフトの進行を促進している。

消費者は，さまざまな情報ニーズに合致する健康情報を求めてオンラインに向かっている (Metcalf et al. 2001; Ferguson 2000; Ferguson 1997)。オンライン健康情報の消費者は，

- 匿名性を維持できる。
- 自分の都合のよいときに情報を探すことができる。
- 医師が提供できるよりももっと詳細な情報を得ることができる。
- 別の医師を紹介してもらうためのいざこざ抜きに，セカンドオピニオンを得ることができる。
- 似たような状況にある，あるいは似たような問題を抱える人々と意見を交換できる。
- 自助グループや支援ネットワークにかかわることができる。
- 健康関連のニュースに常に遅れないようにすることができる。

Cainら（2000）は,「健康な」ヘルスケア消費者は, 一般的な健康情報を見つけるために時々オンラインに向かい, あるいは食事療法, 運動, 加齢, デート, セックスなどのようなライフスタイルの問題についてチャットをしている, と述べている。医師であり, セルフケアの唱道者であるFergusonは, これ以外に健康情報を求めてインターネットを使う消費者の3類型を明らかにしている（2001, 97）。「今は健康だが不安を抱えている人々」は, 病気の徴候や病気について調べるために時々インターネットを使う。「最近病気であるという診断をされた」人々は, Fergusonによると, 最も頻繁にインターネットを利用しており, 利用者全体のたった3％から5％だが, 利用量では全体の35％に達している。これらの消費者はすぐに答えを得たいと思っており, 特定の症状や治療に関する非常に専門的な情報を探している（Cain et al. 2000）。Fergusonによると「慢性病で安定状態にある人々」は進行中の症状を持った消費者であり, メーリングリストや支援グループにおける議論に日常的に参加している。ケア提供者も含むこのようなグループの人々は生活の質に関する問題に関心があり, 同時に治療や病気の管理の問題も知っておきたいと思っている。彼らは精神的な支援や助言も求めている（Cain et al. 2000）。肺がん専門医であるPerez-Solerは,「我々が以前には見たこともなかったような新しいタイプの患者が現れている。彼らは深刻な医学的な心配事を持ったとき, 地元の医師がどのような治療を提供しようとそれを受け入れない。彼らは自分の症状について学び, 同じ関心を分かち合える患者や臨床医と意見を交換し, 最新で最良の治療方法について知ることのできるあらゆる手がかりを探し出すために, 何時間

でもインターネットを調べるだろう。それが患者でなかったとすれば，それは患者のめいやおい，息子や娘であろう。彼らが私たちに会いに来たときには，彼らは自分の病気や，他の病院で提供されている治療方法や，最新の研究結果について非常によく知っている」と述べている (Ferguson, 2000, 4)。

インターネットはオンラインの豊かな相互扶助，つまり自助グループを生み出してきた。オンラインの支援ネットワークあるいはコミュニティと呼ばれるこれらのグループは，助言や情報や支援を提供してくれる。1日24時間利用できるオンラインのフォーラム，掲示板，ニュースグループ，ウェブサイト，メーリングリストなどは，支援への即座のアクセスを提供してくれる。これらのオンラインの支援コミュニティは，インターネットの知識や経験が豊富であり，自分と同じような症状の人々と自分の経験を共有したり，そのような人々を支援する，オンラインの患者支援者によって運営されていることが多い (Ferguson, 2002)。患者支援者は，症状に関するあらゆることをできるだけ早く学びたいと考えている，最近病気だと診断された人々にとって特に頼りになる。患者支援者は，自分と同じ病気や症状に直面する人々を支援するために，ウェブサイトを作成し，支援グループを運営し，チャットで会話をしている (Ferguson 2002; 2000; 1997)。Fergusonは，「21世紀はインターネットによって力を得た医療のエンドユーザーの時代となるであろう。そして患者によって運営される今日のオンラインの支援ネットワークは，エンドユーザーが自分たちの受ける医療ケアのうち成長しつつある部分を管理したり，指図したりできるような，たくましくて優秀な医療案内システムへと進化していくだろう」と考えている

(Ferguson 2002, 556)。

　最近のハリス世論調査では，患者はインターネット上で情報を見つけるが，最終的には医師にもっと詳細な質問をするという結果を生じさせていると報告されている。また，健康情報を求めて頻繁にオンラインの情報源を使う患者は，自分のかかっている可能性のある病気について医師に示唆したり，特定の治療法を頼んだりしがちであることも報告されている（Taylor 2000）。Reeves（2000）は，「HIV 陽性者個人の病気とのつきあい方の能力に対するインターネット利用の影響について明らかにした研究では，インターネットが彼らに力を与え，彼らに対する社会的支援を増やし，他人を支援することを促進しているということが示されている」と報告している。

　学校にいる子どもや職場の同僚と連絡をとり合うために，日常的に電子メールを使っている患者は，医師やそのスタッフとも電子メールで連絡をとり合いたいと望む傾向にある（Bader and Braude 1998）。1999 年の調査では消費者は，自分のかかっている医師のウェブサイトで相談したいとか，診察時に医師に聞き忘れた質問を電子メールでたずねたいとか，電子メールを使って診察の予約をとりたいとか，自分のかかっている医師に健康関係のウェブサイトの推薦をしてほしいとか，といったことを望んでいることがわかっている（Reents 1999）。自助サイトや医師自身のウェブサイトを通じてオンライン上の医師を見つけるという消費者もいれば，電子メールを通じてかかりつけ医と会話するという消費者もいる（Ferguson, 2001）。Eysenbach と Diepgen（2001）は論文中で，e-ヘルスと根拠に基づいた患者による選択にとってどのような

機会や課題が存在するのかについて，的確に展望を述べている。

2.5 図書館の役割

上述のような新たな健康情報のパラダイムにおいて，図書館員には重要な役割を果たす機会が訪れている。利用者は，健康にかかわる専門職の人々と話し合う際に，よりよい質問を考えたり，たずねたりするのに役立つような情報を求めて図書館へやってくる。彼らは意思決定をする際に助けとなるような知識を求めている。図書館員は利用者に健康情報の利用方法や評価方法などについて訓練をするとともに，さまざまな印刷体の資料，各種メディア，電子形態の健康情報資源などへのアクセスを提供することによって，医師と患者を隔てている情報格差を埋める助けとなることができる。

消費者健康情報を提供することは，他の話題に比べて多少要求の厳しい仕事である。なぜなら図書館員は，単に情報の斡旋者というだけでなく，より情報の仲介者であらねばならないからである。Spatz（2001）は，図書館員は単に利用者の情報ニーズと情報源との間のリンクとしてサービスをするだけでなく，調査を行う過程にある利用者個人をも支援しているのだと述べている。消費者に健康情報を提供する図書館員は，人々がより情報を得て，願わくはより積極的に，彼ら個人のあるいは家族のヘルスケアの参画者となることができるよう支援をしているのだ。

図書館は消費者健康情報を提供するにあたって，さらなる挑戦に直面している（Marshall et al. 1991; Baker et al. 1998）。すな

わち利用者が自分の疑問をはっきり表現できないこと，行方不明であったり利用できない資料があること，情報源の不足，他機関紹介に対する躊躇などに対する挑戦である。これらの問題が健康情報の提供にどの程度影響を与えるかは，図書館員の経験や意欲のレベル，情報源の規模や収集範囲，紹介できる機関の選択肢などのさまざまな要因によって異なる。

DeeringとHarris (1996) は，「図書館は，情報の組織者であり管理者として，大量の異なった健康情報にたどりつくために役立つ組織として存在している」と述べている。そのような状態に到達するためには，図書館員は健康消費者の特徴を理解し，健康情報に関するさまざまな質問に答えられるよう備えなければならない。図書館員は熱心に挑戦しなければならないが，同時に健康情報を提供する図書館員の役割の範囲と制約を消費者が理解していることを確認しておかねばならない。

引用文献

Anwar, Rebecca A. H. 1994. The College of Physicians of Philadelphia Survey of Librarians and Physicians for the Development of a Consumer Health Information Center. Hoover Anwar Asociates, Inc.

Bader, Shelley A., and Robert M. Braude. 1998. "Patient Informatics: Creating New Partnerships in Medical Decision Making." *Academic Medicine* 73, no. 4 (Apr.): 408-11.

Baker, Lynda M., Lothar Spang, and Christine Gogolowski. 1998. "The Provision of Consumer Health Information by Michigan Public Librarians." *Public Libraries* (July/Aug.): 250-55.

Barsevick, Andrea M., and Jean E. Johnson. 1990. "Preference for Information and Involvement, Information Seeking and Emotional Responses of Women Undergoing Colposcopy." *Research in Nursing &*

Health 13, no. 1 (Feb.): 1-7.

Beeney, Linda J., Amr A. Bakry, and Stewart M. Dunn. 1996. "Patient Psychological and Information Needs When the Diagnosis Is Diabetes." *Patient Education and Counseling* 29, no. 1 (Oct.): 109-116.

Borgers, Resi, Patricia D. Mullen, Ree Meertens, Mieke Rijken, Gerry Eussen, Ivonne Plagge, Adriaan P. Visser, and Geert H. Blijham. 1993. "The Information-Seeking Behavior of Cancer Outpatients: A Description of the Situation." *Patient Education and Counseling* 2, no. 1 (Nov.): 35-46.

Cain, Mary M., Jane Sarasohn-Kahn, and Jennifer C. Wayne. 2000. *Health e-People: The Online Consumer Experience Five-Year Forecast*. Oakland, Calif.: California HealthCare Foundation.

Calabretta, Nancy. 2002. "Consumer-Driven, Patient-Centered Health Care in the Age of Electronic Information." *JMLA* 90, no. 1 (Jan.): 32-37.

Calkins, D. R., R. B. Davis, P. Reiley, R. S. Phillips, K. L. Pineo, T. L. Delban, and L. I. Iezzoni. 1997. "Patient-Physician Communication at Hospital Discharge and Patients' Understanding of the Post Discharge Treatment Plan." *Archives of Internal Medicine* 157, no. 9 (May 12): 1026-30.

Catalan, J., N. Brener, H. Andrews, A. Day, S. Cullum, M. Hooker, and B. Gazzard. 1994. "Whose Health Is It? Views about Decision-Making and Information-Seeking from People with HIV Infection and Their Professional Carers." *AIDS Care* 6, no. 3: 349-56.

Deber, R. B., N. Kraetschmer, and J. Irvine. 1996. "What Role Do Patients Wish to Play in Treatment Decision Making?" *Archives of Internal Medicine* 156, no. 13 (July 8): 1414-20.

Deering, Mary Jo, and John Harris. 1996. "Consumer Health Information Demand and Delivery: Implications for Libraries." *Bulletin of the Medical Library Association* 84, no. 2 (Apr.): 217-22.

Degner, Lesley F., Linda J. Kristjanson, David Bowman, et al. 1997. "Information Needs and Decisional Preferences in Women with Breast Cancer." *JAMA* 277, no. 18 (May 14): 1485-92.

Eysenbach, Gunther, and Thomas L. Diepgen. 2001. "The Role of e-Health and Consumer Health Informatics for Evidence-Based Patient Choice in the 21st Century." *Clinics in Dermatology* 19, no.1 (Jan./Feb.):11-17.

Ferguson, Tom. 2002. "From Patients to End User." *BMJ* 324, no. 7337 (Mar. 9): 555-56.

———. 2001. "Online Health after the Dot-Com Meltdown: What's Next. Joe Flower Interviews Tom Ferguson and Deryk Van Brunt." *Whole Earth* (winter): 96-100.

——— 2000. "Online Patient-Helpers and Physicians Working Together: A New Partnership for High Quality Health Care." *BMJ* 321, no. 7269 (Nov. 4): 1129-32.

———. 1997. "Health Online and the Empowered Medical Consumer." 23, no. 5 (May): 251-57.

Gore, Mary Jane. 2000. "Patient No Longer? Consumers Want to Move into Health Care Driver's Seat." *Medicine & Health* 54, no. 20 (May 15): 1-4.

Harris, Jill. 1992. "You Can't Ask If You Don't Know What to Ask: A Survey of the Information Needs and Resources of Hospital Outpatients." *New Zealand Medical Journal* 105 (May 27): 199-202.

Harris, Karen A. 1998. "The Informational Needs of Patients with Cancer and Their Families." *Cancer Practice* 6, no. 1 (Jan./Feb.): 39-46.

Hornberger, John C., Hilde Habraken, and Daniel A. Bloch. 1995. "Minimum Data Needed on Patient Preferences for Accurate, Efficient Medical Decision Making." *Medical Care* 33, no. 3 (Mar.): 297-310.

Jassak, P. F. 1992. "Families: An Essential Element in the Care of the Patient with Cancer." *Oncology Nursing Forum* 19, no. 6 (July): 871-76.

Kirsch, Irwin S., Ann Jungeblut, Lunn Jenkins, and Andrew Kolstad. 1993. *Adult Literacy in America: A First Look at the Findings of the National Adult Literacy Survey*. National Center for Educations Statistics. NCES 9327S.

Laine, C. and F. Davidoff. 1996. "Patient-Centered Medicine: A Professional Evolution." *JAMA* 275, no. 2 (Jan. 10): 152-56.

Ley, Phillip. 1982. "Giving Information to Patients." In *Social Psychology and Behavioral Science*. ed. J. Richard Eiser. New York: Wiley.

Lubalin, James S., and Lauren D. Haris-Kojetin. 1999. "What Do Consumers Want and Need to Know in Making Health Care Choices?" *Medical Care Research Review* 56, supplement 1: 67-102.

Lyons, R. F., M. M. Rumore, and M. R. Merola. 1996. "An Analysis of Drug Information Desired by the Patient (Are Patients Being Told Everything They Wish to Know Under OBRA '90?)." *Journal of Clinical Pharmacy and Therapeutics* 21, no. 4 (Aug.): 221-28.

Macro International, Inc. 1999. "Evaluation of the C. Everett Koop Community Health Information Center (CHIC) Patron Survey Results." Contract: 200-96-0598, Task 8. Submitted to the Technical Information and Editorial Services Branch National Center for Chronic Disease Prevention and Health Promotion Centers for Disease Control and Prevention.

Manfredi, Clara, Ronals Czaja, Marianne Buis, and David Derk. 1993. "Patient Use of Treatment-Related Information Received from Cancer Information Service." *Cancer* 71, no. 4 (Feb. 15): 1326-37.

Marshall, Joanne G., Caroline Sewards, and Elizabeth L. Dilworth. 1991. "Health Information in Ontario Public Libraries." *Canadian Library Journal* 48, no. 1 (Feb.): 37-44.

McKinstry, Brian. 2000. "Do Patients Wish to Be Involved in Decision Making in the Consultation? A Cross Sectional Survey with Video Vignettes." *British Medical Journal* 321 (Oct. 7): 867-71.

Meissner J. I., D. M. Anderson, and J. C. Odenkirchen. 1990. "Meeting Information Needs of Significant Others: Use of the Cancer Information Service." *Patient Education and Counseling* 15, no. 2 (Apr.): 171-79.

Metcalf, M. P., T. B. Tanner, and M. B. Coulehan. 2001. "Empowered Decision Making: Using the Internet for Health Care Information—And Beyond." *Caring* 20, no. 5 (May): 42-44.

Moeller, Kathleen A. 1997. "Consumer Health Libraries: A New Diagnosis." *Library Journal* 122, no. 12 (July): 36-38.

Murray, Susan. 1995. "Health Information for Consumers." In *Developing a Consumer Health Information Service: A Practical Guide*. Toronto: Metropolitan Reference Library.

Navarro, F. H., and S. T. Wilkins. 2001. "A New Perspective on Consumer Health Web Use: 'Valuegraphic' Profiles of Health Information Seekers." *Management Care Quarterly* 9, no. 2 (spring): 35-43.

Neuberger, J. 1998. "The Educated Patient: New Challenges for the Medical Profession." *Journal of Internal Medicine* 5, no. 6 (Nov./Dec.): 563-70.

Neuwirth, Z. E. 1999. "An Essential Understanding of Physician-Patient Communication: Part I." *Journal of Medical Practice Management* 15, no. 1 (July/Aug.): 14-18.

Pennbridge, Julia, Rita Moya, and Lakeshia Rodrigues. 1999. "Questionnaire Survey of California Consumers' Use and Rating of Sources of Health Care Information Including the Internet." *The Western Journal of Medicine* 171, no. 5/6 (Nov./Dec.): 302-5.

Perry, Claudia A., and Brett A. Kirkpatrick. 1991. "Community Access to Health Information: The Role of the New York Academy of Medicine." In *Consumer Health Information Services*, ed. Alan M. Rees. Phoenix: Oryx.

Quill, Timothy E. and Howard Brody. 1996. "Physician Recommendations and Patient Autonomy: Finding a Balance between Physician Power and Patient Choice." *Annals of Internal Medicine* 125, no. 9 (Nov. 1): 763-69.

Reents, Scott. 1999. *Impacts of the Internet on the Doctor-Patient Relationship. The Rise of the Internet Health Consumer*. Based on data from the July 1999 American Internet User Survey. Cyber Dialogue.

Rees, Alan M. 1991. "Medical Consumerism: Library Roles and Initiatives." In *Consumer Health Information Services*, ed. Alan M. Rees. Phoenix: Oryx.

―――. 2000. *Consumer Health Information Sourcebook*, 6th ed. Phoenix: Oryx.

Reeves, Patricia M. 2000. "Coping in Cyberspace: The Impact of Internet

Use on the Ability of HIV-Positive Individuals to Deal with Their Illness." *Journal of Health Communication* 5 (supplement): 47-59.

Schneider, E. C., and A. M. Epstein. 1998. "Use of Public Performance Reports: A Survey of Patients Undergoing Cardiac Surgery." *JAMA* 279, no. 20 (May 27): 1638-42.

Sensky, T., and J. Catalan. 1992. "Asking Patients about Their Treatment." *British Medical Journal* 305, no. 6862 (Nov. 7): 1109-10.

Spatz, Michelle. 2001. "Planning and Managing the Consumer Health Library." Workshop manual, The Public Library and Consumer Health: Meeting Community Needs through Resource Identification and Collaboration. PLA/ALA/MLA conference, January 10-11, Washington, D.C.

Sutherland, H. J., H. A. Llewellyn-Thomas, G. A. Lockwood, D. L. Tritchler, and J. E. Till. 1989. "Cancer Patients: Their Desire for Information and Participation in Treatment Decisions." *Journal of the Royal Society of Medicine* 82, no. 5 (May): 260-63.

Tang, Paul C., and Carol Newcomb. 1998. "Informing Patients: A Guide for Providing Patient Health Information." *Journal of the American Medical Informatics Association* 5, no. 6 (Nov./Dec.): 563-70.

Tang, Paul C., Carol Newcomb, Susie Gordon, and Nancy Kreider. 1997. "Meeting Information Needs of Patients: Results from a Patient Focus Group." *Proceedings: A Conference of the American Medical Informatics Association. Annual Fall Symposium.* Philadelphia: Hanley and Belfus. 672-76.

Taylor, Thomas R. 2000. "Understanding the Choices That Patients Make." *The Journal of the American Board of Family Practice* 3, no. 2 (Mar./Apr.): 123-33.

Tringali, C. A. 1986. "The Needs of Family Members of Cancer Patients." *Oncology Nursing Forum* 13, no. 4 (July/Aug.): 65-70.

Tudiver, Fred, and Yves Talbot. 1999. "Why Don't Men Seek Help? Family Physicians' Perspectives on Help-Seeking Behavior in Men." *The Journal of Family Practice* 48, no. 1 (Jan.): 47-52.

Urgo, Marisa. 1999. "Minorities and Chronic Disease: The Knowledge Gap." *Minority Health Information Quarterly* (Winter): 1.

Weisman, A. D. 1979. *Coping with Cancer*. New York: McGraw-Hill.

3章 健康レファレンスサービス

　図書館のレファレンスサービスの範囲は，我々の住む，この常に変化し続ける世界に対応して発展し続けている。技術と情報のデジタル化は，図書館がどのように利用者に情報を提供するかに大きく影響している。レファレンスサービスはウェブベースの情報源を組織化し作成すると同様に，さらにそれらを教えることを含めて拡大してきた（Clemmons 2000）。図書館員は利用者に印刷体および電子情報源を使う方法を指導するだけではなく，新たに得られる情報源の洪水に適用するために批判的評価と質的フィルタリング技術も教えている。

　特に，公共図書館は数多くの主題分野で質の高いレファレンスサービスを提供するという課題に直面している。健康情報消費者の新たな波は，資料とガイダンスを求めて図書館に向かっている。

　研究によって，公共図書館員が健康に関する質問の回答において経験する，特有のいくつかの問題が探求されてきた（Baker et al.1997; Dewdney et al.1991; Marshall et al.1991）。Rees（1991）は，健康レファレンスサービスの提供にかかわる最も一般的な問題のリストを提供している。

- 利用者が何を知りたいのかを，図書館員がわかるほど十分に，利用者が明確に質問を提示することができないこと
- 提供されることのできる情報に関する利用者の過度な期待

- 図書館員の役割に関しての利用者の混同
- 専門的なレファレンスサービスと情報源に対する財政，職員の配置，物理的な空間の制約
- 健康情報レファレンスサービスに関する職員の専門知識と研修の限界
- どの資料が有用であるかを判断するための専門的な医学用語の難しさと医学知識が不十分なこと
- 資料が不足していたり，時代遅れであったり，高度に専門的であったりすること
- 健康情報の要求の取り扱いに関するレファレンスガイドラインがないこと
- 誤った回答や医学的アドバイスを提供することへの恐れ
- 内容が相反する資料をどのように評価すればよいかが不確実
- 医療専門家や医療機関への紹介に関する適切な手続きが不確実

これらの問題のいくつかは図書館の管理およびサービスの優先順位に関係しているが，多くの問題については質の高い消費者健康レファレンスサービスを提供する際のカギとなる要素を理解することによって軽減され，あるいは取り除かれうるものである。

3.1 健康レファレンスインタビュー

健康情報に関する質問はしばしば深刻な性質なもので，また健康情報の理解する際に伴う諸問題が，利用者とのレファ

レンスインタビューをとりわけ重要なものにしている。徹底的なインタビューにより，図書館員は利用者がどの程度知識があり，どの程度の情報を求めているのかを評価することができる。

利用者は本当にほしいものを決してたずねてこない，ということは広く信じられていることである。このことは医学のレファレンス質問においてとりわけ真実である。利用者は質問が個人的な性質なものの場合，彼らの情報を率直なやり方では話さないかもしれない。詮索することを恐れるため，図書館員は横たわっている質問を探りながら居心地の悪い思いをするかもしれない。次にあげるものは，レファレンスインタビューに組み込むための助けとなる方法である。

- ●誠実さと親切さを表すことによって利用者のためらいを減らし，そのために利用者にあなたの全注意力を向けなさい。
- ●顔の表情を観察しなさい，また利用者の言葉に注意を払いなさい。これらによって，利用者がどの程度不安なく彼らの疑問を持っているのかの手がかりが得られる。
- ●判定と解釈されるような発言や反応を避けるようにしなさい。
- ●秘密に話したい利用者のレベルに合わせて，あなたの声を落としなさい。
- ●情報が秘密に扱われることを利用者に保障しなさい。
- ●レファレンスインタビューでは，どのような情報が必要とされているかを，図書館員が理解することが役立つことを利用者に知らせなさい。
- ●利用者の情報探索の技術は限られており，特にもし専門的な情報源を調べなければならない場合，これを行うには高

いレベルが必要であることを，別の方法で示すのではなく思わせなさい。

標準的なレファレンスインタビューのガイドラインが実行されるべきである。レファレンスプロセスのあらゆる面をカバーしている優れた情報源は，ネブラスカ図書館委員会の「STAR レファレンスマニュアル」(*STAR Reference Manual*, Nebraska Library Commission 2001) である。利用者が何を本当に求めているのかをあなたがいったんはっきり把握すれば，あなたがレファレンスインタビューに投じたその時間を，あとでもう一度作業をやり直すのに費やす必要はなくなる (Bates 1998)。「はい」，「いいえ」と答えることができないような率直な，あるいは中立な質問をすることから始めなさい。次にリクエストの特徴を特定するために質問を明確にしなさい (Nebraska Library Commission 2001)。健康情報の質問に回答する際には，次に述べる点をはっきりさせることが必須である (Jennings 1982)。

- 誰がこの情報を使用するだろうか——図書館利用者，家族，学生，教師，あるいは友人だろうか？ もし利用者が医療専門家であったら，彼らは専門的な資料がほしいのか？ または患者のための消費者用資料がほしいのか？
- なぜ利用者は情報を必要としているのか？ あなたは詮索したくはないだろうが，避妊法について調べている学生なのか，あるいは特定の避妊情報を必要としている人なのかを知ることは役に立つ。
- 利用者はすでにどんな情報を知っていたか？ 利用者はどんな情報を持っているか，加えて利用者が知っている情報

の量,どこで情報を得たかを知ることは,質問に答えるためどの情報源を活用するかを図書館員が知るための助けとなる。利用者にたずねる特定の質問には次のようなものが含まれる。

―あなたの担当医はこの状態に対して何という用語を使用しましたか？

―あなたはその用語をどのように綴りますか？ 例えば,hyperthyroidism(甲状腺機能亢進)と hypothyroidism(甲状腺機能低下症)はほとんど同じように聞こえるが,正反対の意味である。

―医師はあなたにそれがどのような意味であるかと教えましたか？ もし,利用者が正しい用語を伝えているか確かでない場合は,質問をこれ以上続ける前に,医師にその用語を確認してくれるように利用者に依頼しなさい。

―体のどの部分が影響を受けているのですか？

―この状態あるいは主題に対してどのような特定の情報をほしいのですか？ 症状？ 長期的なアウトカム？ 原因？ 治療法？ セルフケア？ リハビリテーション？ 家族への影響？ 再発の可能性？

―その症状にある人の年齢,性別は？

●医薬品に関する質問については以下をたずねること

―それはどのように綴るのですか？

―それは処方薬なのか,大衆薬なのですか？

―あなたはどのような情報がほしいのですか。副作用？ 通常の服用量？ 服用の指示？

―どの程度の情報を必要としていますか？ どの程度高度なレベルなのですか？ 利用者が探しているのは辞書上

の定義なのか，あるいは病気を抱えての生活上のガイド
　なのか？
―利用者はいつまでに情報がほしいのですか？　それは緊
　急なのか？　利用者は単に医師の診断の再確認をしたい
　のか？

3.2 健康質問に効果的に回答するための検索戦術

　レファレンスインタビューを行うとき，あなたの持っている健康情報源のツールを心の中で見直してみよう。最初に用いるべき最適な情報源に注意を集中するために，あなたの質問に対する利用者の反応を使いなさい。どのタイプのレファレンス質問でも同様だが，事前の準備は健康情報に関する質問への回答の成功に寄与することができる。成功へのステップは以下のとおり。

●必要な情報のタイプとレベルを決定するために，徹底的な
　レファレンスインタビューを行いなさい。利用者が望んで
　いるのは，パンフレットまたは数点の良質な記事なのか，
　図書を家に持ち帰りたいのか，ある主題について広範囲な
　調査を望むのか，できる限り速やかに判断しなさい。あな
　たがカギとなる質問をたずねることを促すような，健康レ
　ファレンスの書式またはチェックリストを用いることを考
　えなさい。また，この書式により，質問に回答するために
　どの資料が検討されたかを確認するために利用できる健康
　資料ツールのリストを提供することもできる。もし，質問
　を他の図書館に照会する必要があれば，この書式はいつも
　役立つであろう。利用者に質問を自分の言葉で書かせるよ

うにしなさい。
- 利用者はあなたが提供できる情報サービスの範囲を理解しているか確かめなさい。それには時間と資料の制約，他の図書館や機関への照会の選択肢が含まれる。
- 最新のレファレンス資料を維持しなさい。
- 可能であれば，消費者のためにつくられた情報源から始めなさい。
- 質の高いインターネット健康サイトのブックマークを作成し，主題や内容の領域によってそれらを配列しなさい。そこには医学的定義，フルテキスト情報源，オンライン索引のための情報源を含めなさい。
- あなたの図書館の貸出用健康資料と請求記号の配列に精通しなさい。
- あなたの地域社会での照会可能な情報源に精通しなさい。
- 利用者がどのような種類の資料を探しているのかはっきりさせなさい。ある機関のフリーダイヤル番号？ 学生のレポートに適する，心臓がどのように血液を循環させているかの説明図？ 精神疾患への対処法の図書？ 最近の実験的な膵臓がんの治療法？
- 適切な情報源ツールを考えなさい。質問に答えるための最良の情報源を決定することが，情報専門家としてのあなたの仕事です。このタイプの情報は，電子情報源あるいは紙情報源を使用する際に，より便利で利用者にとって使いやすいのかどうかを考慮しなさい。コンピュータに順番の行列ができていたり，あなたがほとんど，またはまったくコンピュータの経験がない利用者に対応している最中なのであれば，特定のオンラインの情報源にアクセスするよりも，

直接レファレンスブックの書架に行った方がより適切であるかもしれない。提供する資料の刊行年月日を利用者に意識させなさい。医学情報は最新性が重要な問題となる主題分野である。科学研究と医学の実践は絶えず変化している。C. エベレット・クープ地域健康情報センターでは，図書の背の請求記号の中に出版年を含んでいる。この方法は図書館員のみならず利用者にも，利用している資料の出版時期に気づかせることになる。利用者には，印刷資料がその主題に関する最新情報を提供していないかもしれないことを知らせる必要がある。専門医学雑誌の文献およびその他の電子情報源は，より定期的に更新され，もっと最新の情報を提供しているだろうことを指摘してあげなさい。利用者がこれらの情報源にアクセスするときに，彼らを支援する準備をしておきなさい。

●利用者からの質問にあなたが十分に答えたかどうかを知るための唯一の方法は，利用者にたずねることである。レファレンスインタビューの最終構成要素であるフォローアップは，レファレンスインタビューの成功にとってきわめて重要である。これは利用者の情報ニーズが充足されたかどうか判断するための最良の方法である。この部分は，またレファレンスインタビューの中で時々，欠けてしまう部分であり，特にレファレンスデスクが忙しいときはそうなりがちである。RossとDewdney（1999）は，利用者が必要とする情報を得ることを妨げるレファレンスインタビューの落とし穴について記述している。この著者たちは，図書館員に「利用者インタビューをどのように扱うかよく考えてみるよう」奨励し，利用者が図書館員は彼らを援助したい

と思っていることを確信させる方法としてフォローアップの大切さを強調している。
●情報の解釈にかかわるどのような質問についても，医療専門家に相談することを利用者に勧めなさい。

電子情報源は，図書館員の役割をコンサルタントおよびナビゲータへと拡張した。レファレンスライブラリアンの役割はしばしば，インターネット上の多数の消費者健康情報源の中から最良のものを識別するための質的基準を同定し適用するための質的フィルターである (Greenberg 2000)。インターネットを使用するときには，
●評価基準に合致する，前もって選ばれた健康サイトに信頼をおきなさい。それらのサイトはあなたの検索の出発点として使用できる。これはまた利用者が情報を再度見つけるのにも役立つであろう。
●結果に目を通し適合性をチェックしなさい。利用者にあなたがなぜ特定の情報源を彼らに案内しているのか説明しなさい。
●情報を評価しなさい。それは最新のものか？　信用できる情報源からのものか？　わかりやすいものか？　偏っていないか？　簡単な評価チェックリストを提供し，利用者が評価することを勧めなさい。

しばしば利用者は，彼らが予想する以上に複雑で時間のかかる質問をする。利用者が情報のために数日間待つことができるかどうかを確認しなさい。もし彼らが待つことが可能なら，あなたは自館の蔵書の中で発見した資料に加え，照会に

より得られる資料を調査することができる。もし，利用者が情報をただちに必要としているならば，あなたは手元の資料を用いるか，あるいは適当な機関や他の外部の情報源を彼らに照会しなければならないであろう。

(1) 電話による健康レファレンスインタビュー

電話で医学に関するレファレンス質問に答えるには，特別な注意を必要とする。電話では聞き間違う可能性があり，誤った情報伝達や誤った情報につながる恐れがある。電話で健康情報を提供するときは，以下のガイドラインに従いなさい。

- 答えを探し始める前に質問を言い直す，あるいは明確にしなさい。
- 医学用語のスペルを確かめなさい。
- 情報源を引用しなさい。すなわち著者の名前，出版社の標題，出版社名を提供しなさい。
- また，出版日を提供しなさい。医学情報はたちまち変化する。教科書がいつも最新の情報を含んでいるとは限らない。利用者に，より最新の情報は雑誌文献で入手できることを認識させる。ウェブサイトが引用される場合は，サイトが更新された最も新しい日付を提供する。
- 常に情報源から一字一句変えずに逐語的に引用しなさい。情報を言い換えたり，解釈したりしてはいけない。もし専門用語が難しい場合は，医学辞書を参照すべきである。辞書の定義が十分でないときは，利用者に医療専門家に連絡するよう勧める必要がある。時には質問が不適当であったり，電話で答えるには複雑すぎる場合もある。そのような場合は利用者を図書館へ呼ぶか，もし図書館のガイドライ

ンや方針の範囲内であれば，電話の相手に資料のコピーを送る (University of Nebraska Medical Center 1984)。
- ●誤解や事実誤認を少なくするために，電話の相手に読むべき消費者向けで，あまり専門的でない資料を選択しなさい。また，これは電話をかけている時間を最小限に抑えるのを助けるであろう。
- ●利用者に情報を電話で返答するときは，守秘義務を保ちなさい。利用者への答えを別の人に伝言を残さない。その代わりに，図書館に電話をするように利用者に対して伝言を残しなさい (Murray 1995)。

図書館の方針は，電話で答えることができる質問の種類を判断するのに重要な役割を果たしている。例えば末期あるいは重症の病気の場合は，薬物療法や病気の予後についての情報を制限する図書館もある。教科書からの要約された記述や抜粋は誤った解釈をする恐れがあり，時間の制限によって資料全体を読むことを不可能にするという状況がある。電話で情報を読む前に，電話の相手にその情報の一部分のみを提供することが，誤解を招く危険性があるかどうかを判断するために，資料を入念に調査しなければならない。

電話による，いかなるレファレンスの依頼も同様に，電話による健康情報の提供には制限があるという方針を最初に利用者に伝えることが重要である。

(2) 電子的なレファレンスインタビュー

電子的なレファレンスインタビューは，対面による相互作用の利点を欠いている。しかしながら，それは内気な人，匿

名を求める人,または身体的に図書館に来館できない人に,健康情報に関する質問の答えを得る可能性を与えている(Straw 2000)。電子メールは図書館の開館時間の制限なく,昼夜問わず,いつでも質問をするのに便利な方法である。電子的あるいは電子メールによるレファレンスは,電話によるインタビューで起こりうる誤解を防ぎ,処理の記録を提供してくれる。さらに,レファレンスライブラリアンに質問に応えるためのより多くの時間を与える。

　どんな健康に関するレファレンスインタビューも同様に,図書館員は,まず最初に問いかけられた質問の明確化を求めることによって,利用者に応答しなければならないだろう。研究では,電子メールによるレファレンスサービスは,離れた利用者を支援するために効果的な方法であると示している(Sloan 1998)。利用者の情報,質問内容の記述,情報が必要とされる期日,そして希望された配信の方法(例:電子メール,郵便,ファックス,または図書館に来て受け取る)を含む電子メールレファレンスの書式を作成するべきである。依頼することができる質問のサービスと種類として,適切なものに関するあらゆる制限を必ず含めなさい。電子的なレファレンスリクエストの書式は,かなり一般的なものになってきている。独自の書式を作成する前に,いくつかのものを見直して比較しなさい。健康に関する質問の性質によって左右されるので,質問を明確にし,考えられる回答のあらましを述べられるように,常に電子メールを送る準備をしておきなさい。いかなるインタビューも同様に,利用者の質問にうまく答えられたかどうかを確認しなさい。

　ライブオンラインレファレンスやバーチャルレファレンス

は，インターネットを通じてリアルタイムで図書館員と利用者が相互に対話するサービスである。応答時間は電子メールよりも速く，図書館員が利用者に特定のウェブページやファイルを送ることを可能にしている。いくつかの公共図書館は，その地域への 24 時間受付のオンラインレファレンスサービスを提供するために，医学図書館を含む他の館種の図書館と協力している。South Jersey Regional Cooperative は *Q and A NJ* を創始している（http://www.QandANJ.org）。ロサンゼルス公共図書館（Los Angeles Public Library）とカリフォルニア大学ロサンゼルス校（University of California at Los Angeles: UCLA）生物医学図書館の図書館員は，ロサンゼルスとオレンジ郡の住民に対する健康情報図書館サービスを改善するために，Metropolitan Cooperative Library System とともに取り組んでいる。デジタルレファレンスサービスについて論じている情報源を次にあげる。

Digital Reference Services：A Bibliography
  people.lis.uiuc.edu/~b-sloan/digiref.html
  Bernie Sloan 編集（Graduate School of Library and Information Science, University of Illinois at Urbana-Champaign）
Digital Reference Resources
  www.vrd.org/pubinfo/proceedings99_bib.shtml
Registry of Real-Time Reference Services
  www.public.iastate.edu/~CYBERSTACKS/LiveRef.htm

　どのようにリクエストを受けるかにかかわらず（自分で直接，ファックス，または電子メール），専門職としての図書

館員によるインタビューを続けることが重要である。利用者の健康に関する質問について，個人的な論議にかかわることは簡単である。この罠に落ちないようにしなさい。図書館員への課題は，質問者に対し専門家であり，客観的かつ敏感であることである。判別がつかないときは同僚に援助を求める。間違った情報を与えるより，むしろ質問を調査しその返事をするにはいくらか時間が必要だと利用者に伝えなさい。インタビューの結果に関して，利用者からフィードバックをもらうことを忘れないこと。

　時々，情報源は利用者にとって不十分または専門的すぎるかもしれない。質問の種類によって，地域内に他の情報源があるかもしれない。例えば人，種々の組織または他の蔵書といったもので，それは利用者にとってさらに役立つものとなりうる。図書館員はソーシャルワーカーや心理学者ではないことを覚えておきなさい。私たちの仕事は情報提供であり，利用者に解釈をしたり，助言することではない。私たちの範囲外のサービスを要求する利用者には，適切な情報源を案内すべきである。

(3) 消費者健康情報の照会

　情報資源として，照会は健康情報とともに利用者に提供する中で大切な要素である。照会は怠慢ではない。公共図書館員はゼネラリストであり専門家ではなく，特定主題分野における専門知識には欠けている。目標は，最良の方法で利用者の情報ニーズを満たすことである。照会は，利用者の健康に関する質問に対して，あなたの総合的な回答の一部として含まれるべきである。

健康問題を支援することができる健康組織，行政機関，支援団体，そしてその他の情報源が豊富にある。これらの照会できる情報源を開発することは，健康情報の提供において重要な要素である。これは，手元の情報源に限りがある小規模公共図書館で特に必要である。照会は次の手段で提供することができる。

●社会福祉サービス機関の名鑑
●電話帳の官公庁の部
●地域や州の情報源リスト
●病院，地域の健康部門，他の地方自治体社会福祉サービス機関のようなウェブサイトがある地域の情報源のブックマーク。インターネットは照会サービスにおいて多大な財産であり，小規模・大規模図書館に問わず両方に豊富な情報源を提供している。地域の病院や医学図書館のアクセス方針に精通しなさい。医学図書館のオンライン閲覧目録へのリンクをブックマークしなさい。これは図書館相互貸借を通して，利用者に直接あるいは間接的に利用されうる蔵書情報源を特定するのを助けるであろう。

●医学図書館あるいは多種の図書館との非公式または正式な提携。このような提携は，医学に関する質問で援助を求めるときに有利な場合がある。地域の図書館コンソーシアムは提携を結びつけるのに役立つ。公共図書館員は，もし病院図書室や医学図書館へのアクセスが制限されている場合には，仲介者として役目を果たすことができる。医学図書館員は，難しい質問に関して主題の専門知識と参考になるものを提供することができる。利用者を医学図書館に行かせる場合，忘れずに彼らが期待するようなお膳立てをして

おく。利用者が受け取る情報は限られている，あるいは医学図書館員の時間の制約と蔵書の種類によって非常に専門的かもしれないことを利用者に警告する。もし照会で解決がつかなかったら，図書館に電話するか，戻ってくるように利用者に必ず話しなさい。情報源図書館，消費者健康図書館，または医学図書館に質問を問い合わせる場合，すでに調べた情報源を含め，質問に関してできるだけ多くの情報を提供することが大切である。これは健康情報チェックリストを使用するもうひとつの利点で，チェックリストは質問に関してすでに行った調査の概要と同様に，メモ代わりのツールとしても役立つ。

3.3 健康情報を提供する図書館員が直面している問題

医学情報を消費者に提供することは，多くの懸念を引き起こし，多くの課題を提示している。これらに精通し，これらを予想しておくと，より成功するインタビューにつながるだろう。

医療専門家たちは，なぜ病気の診断や治療について多くの異なった意見を持っているのか。医学は絶えず変化している科学であることを理解することは大切である。今日真実であることは，明日はもはや真実ではない。臨床医が診療の際に，こうした変化し続ける科学的事実をどのように利用するかは異なっている。図書館員は，相反する医学の見解について過度に心配するべきではない。私たちは，医療に関するあらゆる見解を表す質の高い資料を示すことに，我々の努力を集中すべきである。

致命的である病気や衰弱しつつある病気に関しての情報を提供するのは，非常に難しいことがある。悪い知らせを伝えることは誰にとっても気持ちのよい仕事ではないが，利用者に求められた情報を提供することは図書館員の義務である。生命に危険を及ぼすような病気への私たち自身の感情的な反応を制御することを学ぶことが必要である。情報の客観性と，他の人の痛みと恐怖への自然な人間の反応との間のバランスを保つことは大切である。この種類のインタビューに対処するために，役立つ方法が以下のようにたくさんある。

- このような感情的な状況が起こる前に，あなたが不適切に反応しないように対応を考えておきなさい。
- 利用者がどのような種類と程度の情報が必要であるかを見つけるために，利用者がすでにどんな情報を得ているかたずねなさい。図書館員でなく，信頼できる情報源によって情報を与えるようにしなさい。
- 必要ならあなたが平静を取り戻すことができるように，利用者になんらかの背景となる情報を手渡しなさい。
- 電話でインタビューに応じる場合は，後で利用者に電話し直しなさい。これは質問について考え，情報源を調べる時間をあなたに与えることになる。
- 利用者に新しい治療法についての最新の文献を探すことを提案しなさい。そして，彼らの主治医とこの情報を共有するよう働きかけなさい。
- 取り乱している利用者が，ただ話をしたいだけという場合がある。そして見知らぬ人に話すことがより楽になることがある。質問者には情報を使用する責任が与えられるべきである。起こりうる行動の予測あるいは判断に基づいて情

報を与えたり，改ざんすることを拒否することは図書館員によるものではない。私たちの仕事は，可能である最善の方法で情報を得られるようにすることである。情報を持つことは利用者の権利である。ほとんどの人は答えを知りたいと欲しない限り，質問をしない。命にかかわる病気があると診断された多くの人たちは，すでに自分たちの予後を知っており，この事実を確認する情報や将来を計画するための新しい治療法や方法について書いてあるものを探している。

●電話では病気の簡単な定義だけを提供する図書館もある。そこでは電話で予後の情報はまったく提供しない。電話をかけてきた人は図書館に来館するよう勧められ，図書館で詳しい情報がある場所が見つけられるよう支援してもらえる。

感情的に取り乱している人を扱うのは難しい場合がある。彼らの気が落ち着くまで，個室か，人目にふれない場所に利用者と一緒に同行することが役立つ場合がある。例えば親族など，誰かに電話をすることができるかどうかをたずねる。利用者の中には，適切な支援グループの電話番号を受け取ることで感謝する人もいる。このような電話番号を手近に持っていなさい。

3.4 あなたの健康に関するレファレンス技術を磨く

公共図書館員は，健康に関する質問に答えることで技術を増すことができたり，あるいは同僚からの助けを求めること

ができる,といったたくさんの方法がある。ワークショップ,
刊行物,および情報源(インターネットサイトとメーリング
リストなどを含む)のリストを,本章の終わりに付録として
提供する。

引用文献

Baker, Lynda M., Lothar Sang, Christine Gogolowski, and Melissa Rymsza Vizzaccaro. 1997. "The Provision of Consumer Health Information by Public Librarians in Michigan: Final Report of a Research Project Funded by Small Research Grants Program." Detroit: Wayne State University.

Bates, Mary Ellen. 1998. "Finding the Question behind the Question." *Information Outlook* (July): 19-21.

Clemmons, Nancy W. 2000. "Library Directors: The Broad View." *Medical Reference Services Quarterly* 19, no. 2 (summer): 51-64.

Dewdney, Patricia, Joanne G. Marshall, and Muta Tiamiyu. 1991. "A Comparison of Legal and Health Information Services in Public Libraries." *RQ* (winter): 185-96.

Greenberg, Charles J. 2000. "Trends in Medical Reference Services in the United States." *Igaku Toshokan* 47, no. 2: 165-71.

Jennings, Kelly. 1982. "Reference Tools and Techniques." In *Developing Consumer Health Information Services*, ed. Alan M. Rees. New York: R.R. Bowker.

Marshall, Joanne G., Caroline Sewards, and Elizabeth L. Dilworth. 1991. "Health Information in Ontario Public Libraries." *Canadian Library Journal* 48, no. 1 (Feb.): 37-44.

Murray, Susan. 1995. "Setting Up a Telephone Service" in *Developing a Consumer Health Information Service: A Practical Guide*. Toronto: Metropolitan Reference Library.

Nebraska Library Commission. 2001. STAR Reference Manual, 1994-2001. Information Services/Reference Statewide Training for Accurate

Reference. www.nlc.state.ne.us/ref/star/contents.html.
Rees, Alan M. 1991. "Medical Consumerism: Library Roles and Initiative." In *Managing Consumer Health Information Services*. Phoenix: Oryx.
Ross, Catherine Sheldrick, and Patricia Dewdney. 1999. "Negative Closure: Strategies and Counter-Strategies in the Reference Transaction." *Reference & User Services Quarterly* 38, no. 2 (winter): 151-63.
Sloan, Bernie. 1998. "Service Perspectives for the Digital Library: Remote Reference Services." *Library Trends* 47, no. 1: 117-43.
Straw, Joseph E. 2000. "A Virtual Understanding: The Reference Interview and Question Negotiation in the Digital Age." *Reference and User Services Quarterly* 39, no. 4 (summer): 376-79.
University of Nebraska Medical Center. 1984. "Consumer Health Information and the Non-Health Science Librarian CHIRS Workshop Syllabus." CHIRS Project. Leon S. McGoogan Library of Medicine, University of Medicine, University of Nebraska Medical Center, Omaha, Nebraska.

付録

ワークショップ

　図書館システム，地方のコンソーシアム，そして州立図書館はすべての継続教育の源である。各種の図書館協会は数々の継続教育の機会を提供している。

How to Find Medical Information on Internet for the Health Care Professional and Consumer は，ウェブベースによる実践的ワークショップで，Dine K. Kovacs（Kovacs Consulting/Worldwide Web Training, Brunswick, Ohio）によって開発された。この

コースは，健康情報の検索方法と評価する方法を教えている。講師と学生とはメールを通して個々のペースに合わせて行えるものである。シラバスは www.kovacs.com/mlace.html で入手できる。

米国医学図書館協会（Medical Library Association: MLA）は，消費者健康情報に関して多くのワークショップを提供している。それらは www.mlanet.org での消費者関連コースで調査しなさい。コースと講師は場所ごとでリストされている。MLA は最近，専門家能力開発のために消費者健康資格プログラムを導入している。他のワークショップの機会に関してはあなたの地元の MLA の支部に連絡しなさい。

米国国立医学図書館（National Library of Medicine）は，消費者のための健康情報を提供するためのワークショップを行っている。トレーニングコースのリストと情報の連絡先は www.nlm.nih.gov で探すことができる。

出版物

米国医学図書館協会の出版物は，役立つ情報源キットが揃っている。情報源キット DocKits は，健康科学図書館マネージメントに関する話題への幅広いアプローチを描いている，さまざまな機関からの代表的で編集をされていない図書館で作成された文書を集積したものである。BibKits は，健康科学文献の特定の主題の選択的解題書誌である。

視聴覚資料

Questions of Health: Trigg Tapes on the Health Care Reference Interview 18 分 $30. King County Library System 製作

このビデオは一般的によく出会うヘルスケアレファレンスインタビューの場面の4組をドラマ仕立てで紹介している。

The librarian Is In: Facing Modern Consumer Health Issues in the Public Library　ビデオ；$15, ファシリテーター用ハンドブック：$10. 注文：Mary Helms, Executive Secretary, ICON Consortium, University of Nebraska Medical Center, McGoogan Library of Medicine

ネブラスカと西アイオワの健康科学ライブラリーコンソーシアム，ICONによると記名されているこのビデオは，ネブラスカ大学医療センター・マクグーガン医学図書館（University of Nebraska Medical Center McGoogan Library of Medicine）のレファレンス部門によって開発され脚本が書かれた。また，ICONのために全米医学図書館ネットワーク（National Network of Libraries of Medicine）から資金が助成され，ネブラスカ大学医療センター生物医学コミュニケーションズ部門（University of Nebraska Medical Center Biomedical Communications Department）によって製作された。それは公共図書館員が出会うだろう消費者健康質問を扱う際に，彼らを援助することを意図している。5つのシナリオは，援助を求める消費者と図書館員の対話を実演している。ナレーターはそれぞれの短い場面の終わりで，忘れないように重要な情報を手短に述べている。ファシリテーター用のハンドブックはビデオに付けられている。

インターネット情報源

Consumer and Patient Health Information Section of the Medical Library Association　http://caphis.mlanet.org

図書館員と消費者のための健康情報。

Consumer Health: An Online Manual

National Network of Libraries of Medicine, South Central Region
http://nnlm.gov/scr/conhlth/manualidx.htm

これは倫理，プロモーション，健康リテラシーと読みやすさ分析，ウェブサイトの評価，子どものための消費者健康，また消費者のためのデータベースとCD-ROMなどの章を含んだ優れた情報源である。

HealthInfoQuest Pathfinders to Common Consumer Health Questions

National Network of Libraries of Medicine, Pacific Northwest Region www.nnlm.nlm.nih.gov/healthinfoquest

このコンテンツは，King Conunty Library System（ワシントン州ベルビュー）の医学レファレンススペシャリスト，Maureen Carletonがワークショップで発表したものが基礎となっている。

HealthInfoQuestは，健康情報を検索する能力に対しての自信を高めるための学ぶ機会として，公共図書館員と健康情報専門家のために設計されたパスファインダーを提供している。パスファインダーは特定のタイプの質問の情報について探索を始めるための，慎重に選ばれたいくつかのサイトを示している。カテゴリーには医学用語，病気，異常，状態，健康統計，宿題の課題，処方薬，治療法のオプション，検査，サポートグループ，およびディスカッショングループを含んでいる。

National Library of Medicine Training Materials

www.nlm.nih.gov/pubs/web_based.html

これは講習会に付随して使用されたスライドである。それらは他の公共図書館員や利用者のトレーニングに役立つかもしれない。

Information Services/Reference: Statewide Training for Accurate Reference (STAR) Reference Manual, 1994-2001, Nebraska Library Commission
www.nlc.state.ne.us/ref/star/contents.html
これは公共図書館員のためのオンラインレファレンスマニュアルで,「レファレンスプロセス」,「必要な情報を見つける」,「よいレファレンスサービス」,「電話でのレファレンス」,「デスクでの微妙な状況」,「特別な種類の質問－医学と法律」などの章を含んでいる。

オンラインディスカッションリスト

Consumer and Patient Health Information Section of the Medical Library Association http://Caphis.mlanet.org
消費者と患者健康情報に提供に関心を持っている誰でもが利用できる。

Stumpers-L http://domin.dom.edu/depts/gslis/stumpers/
困難なレファレンスの質問集。

LIBREF-L http://listserv.kent.edu/archives/libref-l.html
図書館でのレファレンスに関する諸問題のディスカッションリスト。

4章 健康情報提供における倫理的責任と法的問題

　公共図書館の場で健康情報を提供する際の倫理的責任と法的かかわりについては，いくつかの議論をする価値がある。公共図書館は伝統的に医学情報の提供については，その困難さや個人的特性により，しりごみしてきた（Beattie 1998）。しかし，もはやそれは不可能である。なぜなら，今日では健康情報にアクセスしたいという市民の要求は増大する一方であり，彼らは日常的に地域の公共図書館に向かって援助を求めてくるからである。公共図書館員は利用者の情報ニーズにできる限り応えたいと思いつつも，健康情報提供の倫理的，法律的側面に懸念を表してきた。公共図書館員の懸念には次のような点が含まれる。

● 一般市民の専門的な医学情報を理解する能力の欠如（Duckworth 1982）
● 利用者が情報を誤って解釈するかもしれないという恐れ（Murray 1995）
● 不完全で，古く，あるいは誤解を与える健康情報を提供した場合の法的結果（Allen 1982, Wood et al. 2000）
● 利用者のプライバシーに立ち入ること（Wood et al. 2000）
● 彼らの職業上の責任範囲を越えることについての心配（Murray 1995）
● 図書館員の役割に関する利用者の混乱（Rees 1991）

健康情報の提供において，図書館員の役割と責任はどのようなものなのだろうか。図書館員はどうしたら自らの専門知識の限界を逸脱することなく，健康に関する質問に答えることができるだろう。健康情報の要求に応えるとき，図書館員はどのような法的責任を負うのだろうか。

4.1 倫理的責任

　健康情報サービスの提供においては，個々人が職業上の行動を高い水準で維持することが必要である。教育者，ファシリテーター，ゲートキーパー，評価者などへ，図書館員の役割が広がったことにより，図書館の実践と行動の許容された水準に関し，いくらかの混乱が生じた。図書館学の文献は，図書館の倫理を決定する際の手引きのよい情報源である。RubinとForehlich (1996) は，図書館の倫理について優れた総合的展望を提供している。彼らは図書館員にかかわる9つの主要な分野を明らかにしている。資料選択と検閲，プライバシー，レファレンス，知的財産権，管理，アクセス，技術，ロイヤリティ，そして社会的問題である。これらの関心事は健康情報の適切な提供にかかわってくる。Bunge (1999, 41) は「レファレンスライブラリアンは能力，勤勉，秘密保持，判断の独立性，誠実さ，率直さをもって行動しなくてはならない」と述べている。これらの特性すべては，健康情報提供の成功に影響する。

　能力，勤勉，秘密の保持は，健康情報の質問に回答する際に特に重要である。利用者の秘密を守る必要に関して (Huff 1999, Stover 1987)，利用者のプライバシーの権利に関して

(Weiner 1997, Garoogian 1991),検閲と資料選択基準に関して(StrauchとStrauch 1900)などの議論は,あなたの図書館で健康情報提供の倫理ガイドラインを作成するときに役立つであろう。

4.2 倫理綱領

さまざまな図書館職能団体により創設された倫理綱領は,健康情報における倫理規定の指針のもうひとつの情報源である。専門家の倫理のための声明や綱領は,図書館員がその職務を実践するときのガイドラインとして役立つ。倫理規範は倫理的ジレンマに直面したときに,適切な行動や応答を決定するために図書館員を援助する。KoehlerとPemberton (2000, 29) は,倫理綱領は「実践者に専門家としての行動を指示する理論構成の枠組みを提供する。それらはまた専門家たちに,職業上の利益・要求と社会全般の利益・要求との間で対立が生じたとき,あるいは職業的な関係と組織への帰属が対立したときに,支援とガイダンスを提供する」と述べている。

米国図書館協会(American Library Association: ALA)の倫理綱領(ALA 1995),米国医学図書館協会(Medical Library Association: MLA)の「医学図書館員のための倫理綱領」(MLA 1994) は,健康情報提供を導く原則を提供している。加えて,米国医学図書館協会の消費者・患者健康情報部会(MLA's Consumer and Patient Health Information Section 1996) は「消費者健康情報および患者教育の提供における図書館員の役割」と題する独自の政策声明をつくった。これらの綱領と声明は蔵書構築,知識と情報資源の共有,主張,情報へのアクセス

および配布,教育および研究について述べている。図書館員の本質的な役割には資料を同定し,評価し,そして情報資源の利用方法を利用者に示すことが含まれる。

健康情報の提供におけるこれらの役割を引き受ける図書館員は,健康にかかわる知識の主唱者であり,メッセンジャーであることの責任を真剣に受け止めなければならない。利用者は受け取った健康情報に基づいて,重大な決定をするかもしれない。以下の倫理ガイドラインは,健康情報の提供を考えるにあたり,図書館員にとって特に重要である。

(1) 健康情報へのアクセスの自由

米国図書館協会の倫理綱領（ALA 1995）は,「情報へのアクセスの自由と自由な情報流通を保障する義務」に対する図書館員の関与を確認している。この文書は健康情報にアクセスする一般市民の権利を支持している。米国医学図書館協会の「医学図書館員のための倫理綱領」（MLA 1994）は,知識と意思決定の間の重要な関係および,知識移転において図書館員が果たす役割を明らかに認めている。米国医学図書館協会の綱領は以下のように述べている。「ヘルスケア,教育,研究にとって,知識が情報に基づく意思決定に不可欠なものであり,医学図書館員は情報に基づく意思決定がなされうるということを保障するように働きかけることによって,社会,利用者,組織に奉仕する。」この声明は,健康情報の提供にかかわるすべての図書館員に適用されるものである。

(2) 健康情報の質と最新性

米国図書館協会の倫理綱領（ALA 1995）は,図書館員は「最

高レベルのサービスをすべての図書館利用者に対し，適切で有用に組織化された資料を通じて提供する。……そしてすべての要求に対し，正確に偏りなく丁重に対応する」と明記している。米国医学図書館協会の倫理綱領(MLA 1994)もまた「医学図書館員は入手できる最良の情報が利用者に提供されることを保障する」と宣言している。

健康情報資料の選定に向けた方針とガイドラインを用いて評価された最新の情報に図書館が関与することによってのみ，健康情報の資料は適切で要求に正確に応ずるものとなる。もしあなたの図書館でこれが一般的な方法でないのなら，そのことは提供されるサービスの質に影響するのみならず，図書館専門家により公表されている倫理的水準にも抵触することとなるだろう。

ネブラスカ図書館委員会の「STARレファレンスマニュアル」(*STAR Reference Manual*, Nebraska Library Commission, 2001)に引用されている，正確さと最新性にかかわる一般的な問題には，以下が含まれる。

- 利用者に対し，その情報を自分の図書館で所蔵しているか，もしくは他の図書館への照会により入手できるのにもかかわらず，「それは入手できない」と言ってしまうこと
- 時代遅れの情報を提供すること
- 情報を不正確に読んでしまうこと
- 利用者の質問を明確に理解せず，誤って質問に答えてしまうこと
- まず回答を確認・照合することをせずに質問に答えてしまうこと

例えば，あなたの図書館で所蔵する時代遅れの資料を用いて，最近の治療法の選択に関する質問に回答することは，不適切で不正確であろう。それはまた情報を要求した利用者に対し，有害である可能性もある。米国図書館協会のレファレンスおよび成人サービス部門により採用された「総合レファレンスデスクにおける医学・法律・ビジネスへの回答ガイドライン」(ALA 1992)は最新性の問題に焦点を当てている。同ガイドラインは，「レファレンスライブラリアンは常に出版年月日を利用者に指摘する必要がある」，また利用者は「その問題にはもっと新しい情報が入手できるかもしれないことをアドバイスされるべきである」と述べている。同ガイドラインはまた「最新の情報が重要である主題分野において，古くなった資料を定期的に取り除くために，レファレンスコレクションを点検・除架すること」を推奨している。さらにガイドラインは「もし古くなった資料を歴史的な目的のために保持するなら，年月日での区別が明確になされなければならない」と述べている。

　オンタリオおよびミシガン州の公共図書館で行われた調査に注目すると興味深い。そこでは，大半の図書館員は誤った回答を提供することについてあまり恐れていないか，ときたま恐れを感じるのみであり，回答が完成されたときに，知る困難さについて言うこともなかった，と報告されている(Dewdney et al. 1991, Baker 1998)。公共図書館員が健康情報を提供するときに直面する問題の多くは，正確な情報を提供するための技術の欠如よりもむしろ，健康関係の蔵書の不十分さに関連していることがわかった。限られた，または時代遅れの蔵書が正確な健康情報を提供するという対応に影響を及ぼ

しているにもかかわらず，これらの調査から公共図書館員が健康情報の質問への対応に対し，徐々に苦痛に感じなくなってきたことが読み取れる。

両調査の結果はさらに，公共図書館員が医学図書館，消費者健康図書館および複数の図書館によるコンソーシアムに対し，資料共有の連携関係を発展させる必要があることを示している。このことにより最新で質の高い情報資源に対するアクセスが拡大し，公共図書館員にとっては健康関係の質問に対し正確な解答を提供する能力を増加させることになる。

あなたの図書館の蔵書構築方針およびレファレンス方針ガイドラインに，質と最新性に関する文書を含めることにより，正確さはさらに保証されるだろう。これらの方針を堅持することを忘れてはならない。上手に設計されたリクエストフォームに基づいて，徹底したレファレンスインタビューを行えば，問題を減らし，より成功に満ちた最終結果をもたらす可能性を増加させる。

(3) 健康情報の提供において知識と技術を維持し高める

健康情報サービスを発展させ，維持するためには，継続的な注意を必要とする。医学は常に変化しており，消費者健康情報のニーズに応えるための資料も同じペースで変化している。研修会などによる専門職のための継続教育，会議や集会，専門家のネットワーク，関連のあるオンラインディスカッションリストへの参加，専門文献の購読，そして医学の潮流や問題に通じていることは，質の高い健康情報サービスを提供するための図書館員の能力を高めることになるだろう。

米国図書館協会の倫理綱領（ALA 1995）は，「図書館員は情

報の選定,組織化,保存,普及に著しい影響を与え,あるいはコントロールを行う」と述べている。消費者健康教育と意思決定を促進するために,組織化された,信頼できる新鮮な情報を提供できるよう,これらの業務が行われるよう保障することは,我々の職業的責務である。Mintz（1985, 40）が述べるように,「継続教育を無視することは,利用者への不十分なサービスをもたらす。利用者が一般市民であろうが,学生,企業の社員あるいは有料の契約サービスを受けている利用者であろうが同じことである。正規の教育・研修にかかわる各種の証明書や恒常的な上級の研修は,専門家としての責任を問われるような過失を防ぐ一つの手段である」。

(4) 利用者のプライバシーの尊重

健康にかかわる問題は微妙で個人的なものであり,図書館員には「すべての利用者が探索し入手した情報,相談し貸出し入手し,渡された資料に関連したプライバシーおよび利用の秘密の権利を守る」ことが求められる（ALA 1995）。利用者のプライバシーは尊重されなくてはならない。Murray（1995）は,Metropolitan Toronto Reference Library のために書いたガイドの中で次のように明言している。「利用の秘密は消費者健康情報サービスの中の最も重要な原則であり,いかなるときでも維持されなければならない。」Metropolitan Toronto Reference Library はプライバシーに関し,次の方針と手順を採用している。

● 名前を告げなくてよいという利用者の権利は尊重されなくてはならない。
● 利用者の名前が使われるのは,他のスタッフと利用者の情

報ニーズについて論議するときのみである。
- スタッフは利用者サービスエリアでは，情報要求について論議を避けなければならない。
- 直接来館する利用者には，そのプライバシーへのニーズに敏感に対応するよう，注意が払われなくてはならない。
- メッセージを残すときは，利用者からの許可を得ない限り，どのサービスを提供したかを明らかにしてはならない。
- 利用者の名前を外部機関や個人に明かしてはならない。
- 書式，通信，その他，書かれたものやフロッピーディスクは，利用者サービスエリアに単独で残してはならない。

　付け加えて，質問についてスタッフからの援助を求めたり，他機関に照会するとき，利用者の名前をその論議に加えてはならない。焦点は質問に対しあくまでも正確で利用者が満足できる回答をすることである。利用者に関する情報は，事務スペースの外で議論されてはならない。同僚，隣人あるいは友人に，特定の利用者およびその利用者の健康情報の質問について話をしたくなることもあるが，しかしそれは倫理に反するし，利用者との関係の秘密性を侵すものである。

(5) すべての図書館利用者に健康情報への平等なアクセスを保障する

　健康情報は，個々の図書館員のそれが適切であるかどうかに関する個人的な思いにかかわらず，提供されなければならない。これは利用者が未成年の場合，特に微妙な問題である。1972年に米国図書館協会の評議会により採択され，1981年に修正された「未成年者の図書館アクセスの自由ガイドライ

ン」は,「図書館員は広範囲の情報資料および娯楽的資料への若い人々のアクセスと,若い人のニーズに応える十分な多様性を反映したサービスへのアクセスを保障する責任がある。米国図書館協会は図書館サービス,資料,設備に対する,図書館利用者の年齢を理由にしたすべてのアクセス制限の試みに反対する」と述べている (ALA 1981)。妊娠,性行為感染症,その他の健康問題についての情報は,未成年者が要求すればアクセスできるようにしなければならない。

(6) 健康情報の公平な供給

個人的信条が,利用者の情報要求に対し,情報を偏見なく提供するという図書館員の専門家としての責務に干渉してはならない。妊娠中絶,安楽死,ホモセクシュアリティ,避妊あるいは補完・代替医療などのような議論のあるトピックスに対する偏見によって,健康情報の公平な供給に影響を与えてはならない。

4.3 法的問題

健康情報の複雑で感情的な性質,および利用者に適切に対応することの重要性から,図書館および図書館員に対する法的かかわりあいの問題が生じる。図書館員の役割は情報の所在を探し出し組織化することから,資料の適切性,情報の妥当性を決定することへと進化してきた。あるものは「このことにより,図書館員は,不正確または時代遅れの情報を広めると責任を問われる立場に置かれた」と感じている (Puckett et al. 1991)。1992年の法律および医学図書館員の調査では,調

査対象の約半分が過誤のために訴えられるかもしれないとの懸念を表していた (Tamaiulo and Frey 1992)。

法的責任とは,「法令規則,契約または不法行為の結果として起きるほとんどすべての責務,責任,義務を含む法律用語のことである」(Nasri 1987, 141)。Rodwell (1984) が述べるように,我々は訴訟好きな社会に生活しているのであり,特別の技術を持った人々はその行為に対し,説明責任があると考えられている。医師と病院に対する訴訟の急増はその一例である。図書館員がどの程度攻撃されやすいかについては,ここ数年間図書館学の専門文献などで論争されているが,意見の一致にはいたっていない。Dragich (1989, 271) は「情報産業の信じがたい経済的地位,他の専門職に対する過誤訴訟事件や,情報の発信者と製造者に対するその他の文脈での訴訟の増加は,我々が責任を問われる可能性があることの十分な証拠である」と感じている。一方,Gray (1988) は,レファレンスライブラリアンは利用者に対し契約上の責務はないので,過失を検証することはありそうもないし,困難であろうと感じている。

過誤に加え,健康情報の提供に関連する以下のようないくつかの法律的な分野がある。

●**無免許医療**:何人かの図書館員は,無免許医療を行っているとして訴えられるかもしれない,との懸念を表明した。Rees (1991, 32) は図書館員がレファレンスデスクで遭遇するありふれた状況を描いている:「多くの利用者は,自己診断に情報を適用するための積極的な援助を期待している。治療法の選択の際,困難で複雑な意思決定に直面したとき,利用者は自分の個人的な意思決定に図書館員が従事

してくれることを望む。」Rothstein（1993, 257）は「もし患者が治療法の選択について推奨を求めたら，図書館員は自分たちの役割についてきちんと境界線を定め，無免許医療を行うことになる危険をおかしてはならない」と念を押している。Allen（1982, 44）の報告によると，「無認可の医療行為として裁判に持ち込まれた事例においては，被告はある状態を治療することができると称したり，医学的問題に関しある種の専門知識を主張したり，実際は持っていない技術や知識に信用や信頼を置くよう他人を説得しようとしている」。医師で法律家でもある Charney（1978）は，図書館員が情報を，そして解釈でも意見でも診断でも治療でもなく，情報のみを提供するなら，それは問題にはならない，と保障している。

●**詐欺行為と虚偽陳述**：民法には意図的不法行為が含まれる。Charney（1978, 26）は次のように説明する。「意図的不法行為とは，目的を持ち，損害を引き起こした行為である。これは，個人が情報を誤って理解し，その結果害を受けた場合，理論的には成立しうる。また，あなたが真実を告げるのをためらい，まったくの善意から，人を喜ばせようとして誤解を招くようなことを言った場合も，意図的不法行為となる可能性がある。あなたが説明したことを信用して，その人はあと余命が3か月しかないのに，例えば遺言をきちんと作成しなかったり，長期の旅行の計画を立てたりするかもしれない。もしあなたが真実を誤って伝えた結果として，本人やその家族が損害をこうむったとき，あなたは虚偽陳述と詐欺的行為を犯したかどで，告訴される可能性がある。」

- **中傷**：図書館員が特定の医師あるいは他のヘルスケア専門家について意見を述べた場合，人格の中傷のかどで有罪になる可能性がある (Charney 1978)。
- **情報提供の拒否**：要求された情報を提供するのを制限または拒否することは，憲法で保障された「知る権利」を侵すことになりうる (Charney 1978)。利用者は図書館にあるすべての情報にアクセスする権利を持つ。利用者の情報ニーズに適合した資料を案内することは，図書館員の専門職としての責務であり，利用者にとって不適切であるとか動揺させると感じたとしても，この責務を拒否することはできない。

(1) インターネットフィルタリングと未成年の情報に対する権利

我々の職業的行動規範は，等しくすべての利用者が情報にアクセスすることを支援するよう定めているが，ここで扱う領域では図書館も図書館員も，未成年者のインターネットアクセスの管理をめぐって，論議の只中から抜け出せない状況にある。インターネットを通じ，潜在的に有害な情報が入手できることへの懸念から，多くの政府組織やいくつかの図書館委員会は，子どもたちのインターネット情報資源へのアクセスに制限を設けるようになった。

2000年12月米国連邦議会は，公共図書館のコンピュータにブロッキング技術を使用することを命ずる「児童インターネット保護法」(Children's Internet Protection Act: CIPA) を承認した。この法案は，図書館が「セーフティテクノロジー」に基づいた受け入れ可能な利用方針を採用し,それにより「未

成年者にとって有害」と思われる資料へのアクセスを遮断することを求めている。「児童インターネット保護法」はインターネットアクセスの一括割引を求める公共図書館，あるいは「図書館サービスおよび技術法」(Library Services and Technology Act) に基づきインターネットアクセス用のコンピュータ購入基金もしくはインターネット接続料金の基金を求める公共図書館に，ブロッキング技術の使用を命じている。米国図書館協会は，これらの制限は「図書館に対し，基金か検閲かという選択を強いるもの」と感じている (ALA 2000)。米国図書館協会は，2001年3月に「児童インターネット保護法」は，憲法で保障された，公共図書館におけるインターネット上で入手可能な情報へのアクセスを制限するものであるとして，全面撤回を求め告訴を提出した。

Hildebrand (1991) と Katz (1996) は，子どもたちによるインターネットアクセスと関連する問題を説明している。Katzは，子どもたちが制限なしにインターネットにアクセスする権利を主張して，長文の議論を展開している。彼は「ブロッキング，検閲および禁止は子どもたちに対する最初ではなく最後の手段であるべきだ。子どもたちが道徳や理非をわきまえた倫理を身につける機会を与えられ，そして——ロックの社会契約論の概念にあるように——責任を果たす意思がある場合はことさらである」と述べている (Katz 1996, 3)。Hildebrand は「子どもたちのプライバシー権という概念は，すべての年齢のすべての人に自由なアクセスを提供するという公共図書館の使命においても，十分成立する」と論じている (Hildebrand 1991, 25)。

　図書館のコンピュータの一部あるいは全部で，強制的にフ

ィルタリングソフトウェアを使用すると，ある種の健康情報の検索結果に影響する恐れがある。健康情報についてのインターネット検索では，特に身体部位に関連したキーワードや，性的な意味合いも持つ言葉を使用するので，フィルタリングソフトウェアが求められた情報へのアクセスを妨げることがありうる。このジレンマに対する容易な回答はなく，最終的には法廷で決着がつくかもしれない。それまでは，フィルターを使用している図書館の図書館員は，貴重な情報の検索がブロックされている可能性があることを意識している必要がある。情報要求をフィルターにより妨げられた利用者を支援するための他の選択肢を，図書館スタッフは知ろうと望むだろう。

Gaywood（1999）は，米国図書館協会が子どもたちの情報に対する権利について，2つの相反する立場を発表したことを指摘している。一方で，米国図書館協会は子どもたちが情報ニーズを充足させる権利を支持する。他方で，米国図書館協会は両親が子どもたちの図書館利用を管理する権限を支持する。子どもの独立性と彼らが図書館に持ち込む質問のタイプは非常にさまざまなので，図書館員は親たちが子どもに持つことを望まないような情報を求める子どもたちに出会うことがある。親が同行しない未成年からの情報要求をどう取り扱うか，図書館は明確な方針を持つ必要がある。図書館員はまた，議論の多い話題，例えば妊娠中絶，妊娠あるいはホモセクシュアルについて，十代の子どもたちが地域の公共図書館から情報を入手していたことを知ったときの，親たちの抗議に対してどう対処するか準備すべきであろう。

(2) 過誤と怠慢

Nasri (1987) は過誤を「専門家が,専門的な責務を遂行している中での,意図的不注意または単純な無知による,妥当を欠く措置または不合理な技術の欠如」と定義する。訴訟の根拠ありと結論づける前に,下記のようないくつかの要素が提示される必要がある (Gray 1988, Puckett 1991)。

●**図書館員が特定の行動基準に従う「注意義務」または責務は存在するか?** 図書館員が個人的な不注意,怠慢あるいは無知のために,不完全,不正確あるいは時代遅れの情報やアドバイスを利用者に提供した場合に,このことが起きうる。図書館員は,もしこの情報またはアドバイスが,利用者にとって身体的,経済的その他の損害を引き起こした場合,責任を負うべきことになりうる。「不法行為法は,医学あるいは専門図書館員は,専門的な技能あるいは知識を有していると思われ,他種の図書館員と比較してより高度な行動基準に従うべきである,と示していると考えている。」(Puckett 1991, 36)

●**特定の行動基準に従うことについての過失はあったか?** 図書館員には特定の専門的行動基準に従う義務があり,その図書館員がこの義務を怠ったことが確定されなければならない。「怠慢による過失を立証するためには,実際に起きた行動と専門家のとるべき行動を比較しなければならない。標準的な専門家の行動は,図書館学校の教員および著作のある研究者などの専門家の証言による証拠,適切な専門家としての行動基準の証拠により立証される。」(Gray 1989, 35) そして法廷が,図書館員がサービス提供にあたり,理にかなった注意,技能および努力を行っていたかどうかを

決定する。原告は図書館員が不完全な（不正確，不完全，もしくは時代遅れの）情報を提供したこと，そして原告にとってはこの情報に関し，図書館員を信用することが適切であったことを立証しなければならない。また，図書館員が利用者の安全は情報の正確さにかかっていたことを理解していたこと，図書館員が情報が正確だと判断したときに，理にかなった注意を払うことを怠ったことが明らかにされなければならない（Wan 1994）。Gray（1989）は，情報の仲介者（図書館員）の怠慢による場合と，「不正データ」の場合のように，誤った情報が著者あるいは情報作成者に帰する場合とを区別している。彼は，後者の筋書きの中でも，もし図書館員が資料の信憑性を疑ったのに，その懸念を利用者に告げなかったとしたら，図書館員は依然窮地を脱することができないことを指摘する。図書館員の倫理的基準や専門家としての責任のすべてをリストアップする単独の綱領や文書は存在しないが，「米国図書館協会倫理綱領」のような倫理綱領は，法廷により尺度ツールとして役立つと決定される可能性がある。何人かの著者は，倫理基準にとどまらず図書館サービスの質を保証するための手続き上のガイドラインを確定することにより，情報供給者の容認される行動を定義すべきだと主張している（Dragich 1989, Puckett 1991）。

●**義務の不履行が損害と妥当に結びつくか？** 専門家としての怠慢と損害との間に因果関係があったことが決定されなければならない。図書館員が彼らの責任を十分果たさなかったことと，原告が被った損害とに，直接的関連があらねばならない。

●**実際の損害があるか？** 実際の身体的または金銭的損害が，図書館員の怠慢により引き起こされたことが証明される必要がある。Gray（1989）は，以下の点を原告は立証しなければならないと指摘している。図書館員が誤った情報を提供したこと，図書館員が原告の安全［訳注：原文は「被告の安全」となっているが誤り］はこの情報にかかっていることを知っていたこと，原告にとって，受け取った情報に基づき行動することが合理的であったこと，図書館員が理性的な注意を払うことを怠ったこと，である。

何人かの図書館員は，有料の情報提供により，法的責任が増大する可能性があることを感じている（Dragich 1989; Mintz 1985, Prichard and Quigly 1989）。Cremieux（1996, 152）は「図書館業務の独特の環境により公正で普遍的な基準を作成することが困難なため」，図書館員の過誤は証明が難しい，と述べている。図書館の業務上過失の訴訟がないのは，図書館員は正確な情報を提供しようと試みているし，意図的に利用者を誤らせるような試みは決してしないと利用者が信用しているからである（Mika and Schuman 1988）。MikaとSchumanはまた，公共図書館が原則的に無料でサービスを提供しているために，告訴が少ないのだろうと示唆する。また，図書館員に対する告訴では経済的見返りがほとんどないことも指摘されている（Mika and Schuman 1988）。

しかし何人かは，図書館員と情報専門家が訴えられないとしても，それは情報の提供において彼らの行動に法的に責任がないことを意味しない，と論じている（Nasri 1987; Puckett 1991）。専門家に対する全般的な法的責任と業務上の過失を

追及する裁判例は増えており，このことにより，怒った図書館利用者が誤った情報を伝えたかどで，法的手段に訴えて，損害や金銭的損失，機会を失ったことに対する補償を求めてくる可能性は増加している。図書館員は利用者が医学情報の解釈をたずねたり，診断や治療法の選択に関し意見を求めたときに，境界を設定しなければならない。いくつかの州では図書館員を業務上過失から免除することで，この問題に対処している。公共図書館員が免責特権のもとで保護されている場合がある。この問題に関するあなたの州の立場を意識することは重要である。

4.4 あなたのリスクを最小限にするために

以下のポイントに従って行動することにより，図書館は訴訟の危険を最小限にすることができる。

1) **あなたの役割を定義しなさい。**あなたの役割とその限界，および図書館が提供する医学情報の限界を定めなさい。
- 蔵書構築のガイドラインと評価方法に基づいて健康情報を収集し，広めなさい。
- 健康情報へのアクセス方法を提供しなさい。
- 情報の所在確認を手助けしなさい。
- 利用者に資料の使い方を示しなさい。
- 利用者に情報源の相対的な長所を知らせ，図書館資料に関して推奨リストをつくりなさい。
- 地域で利用できるその他の情報資源を明らかにしなさい。
  レファレンスライブラリアンが，アドバイスを与えること

と，情報を解釈することの間に明確な区別をつけることが肝心である。アドバイスではなく情報を提供しなさい。医学的アドバイスは医学専門家によってのみ与えられる。適切な行動基準に基づくように注意を払いなさい。

2) **適切な能力を確保しなさい。**あなたの職務を行う際には，以下により，常に高い水準を行使しなさい。

●徹底したレファレンスインタビューを行う。

●出版年月日も含めた情報資源の限界を論議する。

●脱落による誤りを避ける。

●他の機関に照会するタイミングを知る。

●専門的な図書館組織およびあなたの所属機関により確立された，健康情報の収集，提供，伝達に関する倫理綱領，方針やガイドラインをあくまでも守る。

●継続教育や訓練の機会を追求し，医学や図書館業務の最新動向に注意を払う。

3) **健康情報サービスを処理するための成文化された方針文書を作成しなさい。**

●健康情報の収集および点検・除架のための蔵書管理方針

●図書館ウェブサイトから各種の健康情報ウェブサイトにリンクづけする際の基準

●免責事項の記述

4) **健康情報の要求を処理するためにレファレンスガイドラインを確立しなさい。**

●あなたが医学の技能，訓練，知識を持っているといういかなる主張も含意も避けなさい。

●特定された要求に対してのみ，情報を与えなさい。医学的症状の説明に答えてはならない。

●提供された医学情報を解釈しようと試みてはならない。健康情報はとても複雑であるか，理解が困難であるかもしれない。いくつかの資料は健康の専門家向けに書かれているかもしれない。利用者は情報を解釈する手伝いを頼んでくるかもしれないし，あるいは図書館員に情報がその個人の特定的な状況にどのように影響するかたずねるかもしれない。このような状況に陥らないように注意しなさい。利用者から彼らの医師に問い合わせをさせなさい。
●特定の治療法を推奨してはならない。
●特定の医薬品や代替薬を推奨してはならない。
●利用者が自己診断するのを援助してはならない。利用者は症状のリストを示して，あなたに彼らの診断を確認するよう頼むかもしれない。あなたは特定の疾患に関する情報，または症状の定義を提供してもよい。しかし，特定の症状が特定の疾患と関連があることを決して示唆してはならない。
●医師たちを推奨してはならない。もし医師への照会が必要なら，地域医師会の電話番号を教えなさい。多くのコミュニティにおいて健康維持機構（Health Maintenance Organization: HMO）および専門の病院や医療システムも同様にこのサービスを提供している。
●利用者の秘密を守りなさい。そして利用者にこのことを説明しなさい。
●複雑な質問，特定個人にかかわる質問，図書館員の対応範囲を越える質問については，常にヘルスケア専門家に照会しなさい。

(1) 免責事項

すべての困難な状況に対応できる方針というものはありえない。免責事項は，利用者に情報提供者たち，および彼らが使用している情報源の限界を思い起こさせる警告として利用できる。免責事項によっても何人も法的責任を免れることはできないし，法律に取って代わることもできない。多くの図書館では免責事項の声明を目立つように壁に貼り出している。免責事項はまた，所蔵資料に押印されたり，利用者に手渡される健康情報に添える書式や手紙に含まれている。以下は免責事項の例であり，あなたの機関においても採用されうるものである。

壁に貼り出したものの例

> ご注意：この消費者健康図書館の目的は，ひろく市民の皆様に読んでいただく参考資料を提供することです。職員は喜んで特定の内容についての論文やテキストを探すお手伝いをします。しかし図書館および公の方針により，職員がこれらの資料に含まれる情報について，言及あるいは解釈することは禁じられています。もしあなたがこれらの資料に含まれる情報について疑問がおありでしたら，医師に相談してください。
>
> 消費者健康情報サービスの目的は広範な健康・医学情報を誰でも利用できるように提供することであり，医学的なアドバイスや解釈は提供いたしません。消費者健康情報サービスにより提供される情報は，推薦や支持を意味しません。医療専門家による診療の代わりではありません。
>
> 図書館にある情報のいくつかは，あなた個人の状況にはあてはまらないかもしれません。あなた個人についての質問は医師におたずねください。

地域健康図書館では，広範で多様な健康情報がご利用いただけます。図書館のサービスや資料をご利用になるときは，次の点をお忘れなく。
—すべての質問の秘密を守ります。
—提供された情報はその主題に関して入手できる情報すべてとは限りません。
—ある資料が蔵書に含まれていても，それは図書館による承認や推奨を意味しません。
—図書館による資料や情報の提供は医療専門家による診療の代わりにはなりません。

書式に印刷したものの例

・すべての質問の秘密を守ります。
・当図書館はいかなる特定の治療法の推薦もしません。
・当図書館の資料は，ある主題に関する入手できるすべてを示すものではありません。
・情報はあなたの自身の状態に特定的にあてはまらないかもしれません。
・当図書館の資料は，あなたが医師や看護師と論議する質問を考えるために使用されるべきものです。
・当図書館は，あなたが発見した情報が医療専門家とのコミュニケーションに役立つことを希望します。もしあなたの特有の医学上の状態について何か質問があれば，医師に会うことを強くおすすめします。

　当図書館に寄せられたすべての質問について秘密が守られると想定されています。この資料は情報としての目的のみにより提供されており，特定の治療法の推薦や奨励と解釈されるべきではありません。情報はあなた自身の状態に特定的にはあてはまらないかもしれません。というのは，それはその主題に関し得られるすべての情報を表してはいません。そして著者の意見を含んでい

> るかもしれません。医学上の問題や状況に関するアドバイスは，あなたの医療提供者にご相談ください。
>
> この資料は健康情報の提供を意図しています。医療専門家による診察に代わるものではありません。

インターネットでの掲載例

> WWW 経由でアクセスされた情報は，質と正確さのレベルがさまざまです。これらの情報についてはあなたのヘルスケア提供者と話し合う必要があり，この情報は決して専門家によるヘルスケアの代わりとして使用されてはなりません。
>
> 地域健康情報図書館により提供された情報は，医学的な推薦・推奨を意味しません。提供された情報は，医療提供者による診察の代わりとして使用してはなりません。

文献の代行検索での例

> 我々の検索は決して包括的あるいは完全ではないことにご注意ください。同封した情報は必ずしも［当機関の］見解を反映したものではなく，決してあなたの個人的な医療サービス提供者のアドバイスや推薦の代わりになることは考えていません。

文献目録での例

> このリストは，資料に含まれる情報を推奨するために作成されたものではありません。これは教育目的のみのために提供され，医学的アドバイスや専門家によるサービスを与えることについて，意図も関与もいたしません。このリストにより提供される情報や関連情報は，健康上の問題や疾病の診断や治療に使用されてはなりません。専門家による治療の代わりではありません。

電子資料での例

　このオンライン検索により特定された文献情報は，多様な情報源から得られています。この主題に関するすべての文献が検索されたという保障はありません。また図書館員は情報のみを提供し，これらの情報に関する解釈は提供しません。

　健康レファレンスセンターが所蔵する資料は情報提供の目的で提供されており，医学的アドバイスや指示と解釈されてはなりません。医学的問題や状況に関するアドバイスについては，医療専門家にご相談ください。

印刷資料の例

　Xの目的は広範な健康医学情報へのアクセスを広く提供することであり，医学的アドバイスや解釈を与えることではありません。[当機関により]提供される情報は推薦・推奨を意味しません。また医療専門家による診察の代わりではありません。
　当図書館で入手できる医学情報は，あなたが医療サービス提供者とより深い話し合いをするために用いられるべきです。当図書館は最新の医学情報を提供するべく試みておりますが，当図書館にある出版物に含まれる情報について図書館は責任を持ちません。

　[当図書館にある]資料はあなたに全般的な情報を提供することを目的としています。いくつかの資料は，その著者の意見で，必ずしもあなたの医療サービス提供者と意見が一致しない情報を含んでいるかもしれません。特定の医学的質問については，あなたの医療サービス提供者にご相談ください。

　この情報はあなたに健康情報を伝えることを意図しています。医療専門家による診察の代わりではありません。

パンフレットとしおりの例

> 当図書館の目的は広範囲の健康・医学情報をひろく利用可能にすることであり，医学的なアドバイスや解釈を提供することではありません。図書館により提供される情報は，推薦・推奨を意味しません。それは医療専門家による診察の代わりではありません。

総合的免責事項の例

> この情報は医学上のアドバイスや，医師やその他のヘルスケア専門家の医学的アドバイスや治療の代わりを意図したものではありません。
>
> ［当機関］にある資料はあなたに一般的な情報を提供することを意図しており，専門家による医学的アドバイスの代わりにはなりません。特定の医学的質問はあなたの医師にご相談ください。

引用文献

Allen, Luella S. 1982. "Legal and Ethical Considerations in Providing Health Information." In *Developing Consumer Health Information Services*, ed. Alan M. Rees. New York: R. R. Bowker.

American Library Association. 2000. *ALA News* 7, no. 4 (Mar. 20).

———. 1995. "Code of Ethics of the American Library Association." Adopted by the ALA Council June 8.

———. 1992. "Guidelines for Medical, Legal, and Business Responses at General Reference Desks." Adopted by the ALA Standards Committee and the Reference and Adult Services Division Board of Directors. *RQ* 31 (Summer): 554-55.

———. 1981. "Free Access to Libraries by Minors: An Interpretation of the 'Library Bill of Rights.'" Adopted by the ALA Council June 30, 1972, Amended July 1, 1981.

———. 1980. "Library Bill of Rights." Adopted June 18, 1948; amended February 2, 1961, June 27, 1967, January 23, 1980.

Baker, Lynda M., Lothar Spang, and Christine Gogolowski. 1998. "The Provision of Consumer Health Information by Michigan Public Librarians." *Public Libraries* (July/Aug.): 250-55.

Beattie, Barbara C. 1998. "A Guide to Medical Reference in the Public Library." *Public Libraries* 27, no. 4 (winter): 172-75.

Bunge, Charles A. 1999. "Ethics and the Reference Librarian." *The Reference Librarian* 66: 25-43.

Caywood, Carolyn. 1999. "Parents, Kids, Librarians: Can This Relationship Be Saved?" *American Libraries* 30, no. 6 (June/July): 74.

Charney, Norman. 1978. "Ethical and Legal Questions in Providing Health Information." *California Librarian* 39 (Jan.): 25-33.

Cremieux, Karl A. 1996. "Malpractice: Is the Sky Falling?" *Special Libraries* (summer):147-55.

Dewdney, Patricia, Joanne G. Marshall, and Muta Tiamiyu. 1991. "A Comparison of Legal and Health Information Services in Public Libraries." *RQ* (winter): 185-96.

Dragich, Martha J. 1989. "Information Malpractice: Some Thoughts on the Potential Liability of Information Professionals." *Information Technology and Libraries* 8 (Sept.): 265-72.

Duckworth, Paul. 1982. "Health Information for the Community." *Show-Me Libraries* (Aug.): 18-20.

Garoogian, Rhoda. 1991. "Librarian/Patron Confidentiality: An Ethical Challenge." *Library Trends* 40, no. 2 (fall): 216-33.

Gray, John A. 1989. "The Health Sciences Librarian's Exposure to Malpractice Liability Because of Negligent Provision of Information." *Bulletin of the Medical Library Association* 77, no. 1 (Jan.): 33-37.

———. 1988. "Personal Malpractice Liability of Reference Librarians and Information Brokers." *Journal of Library Administration* 9, no.2 (summer): 71-83.

Hildebrand, Janet. 1991. "Is Privacy Reserved for Adults? Children's Rights

at the Public Library." *School Library Journal* 37, no. 1 (Jan.): 21-25.
Huff, James. 1999. "Patron Confidentiality, Millennium Style." *American Libraries* 30, no. 6 (June/July): 86, 88.
Katz, Jon. 1996. "The Rights of Kids in the Digital Age." *Wired* (July). Available online at www. wired.com/wired/archive/4.07/kids_pr.html.
Koehler, Wallace C., and J. Michael Pemberton. 2000. "A Search for Core Values: Towards a Model Code of Ethics for Information Professionals." *Journal of Information Ethics* 9, no. 1 (spring): 26-54.
Medical Library Association. 1996. "The Librarian's Role in the Provision of Consumer Health Information and Patient Education." Policy Statement developed by the Task Force of the Consumer and Patient Health Information Section. Approved by the Medical Library Association Board of Directors.
———. 1994. "Code of Ethics for Health Sciences Librarianship."
Mika, Joseph J., and Bruce A. Shuman. 1988. "Legal Issues Affecting Libraries and Librarians, Lesson II: Liability Insurance, Malpractice, and Copyright." *American Libraries* 19, no. 2 (Feb.): 108-111.
Mintz, Anne P. 1985. "Information Practice and Malpractice." *Library Journal* 110, no. 15 (Sept. 15): 38-43.
Murray, Susan. 1995. *Developing a Consumer Health Information Service: A Practical Guide*. Toronto: Metropolitan Toronto Reference Library.
Nasri, William A. 1987. "Professional Liability." In *Legal Issues for Library and Information Managers*. New York: Haworth Press.
Nebraska Library Commission. 2001. *STAR Reference Manual, 1994-2001*. Information Services/Reference Statewide Training for Accurate Reference. "Good Reference Practice." www.nlc.state.ne.us/ref/star/contents.html.
Pritchard, Teresa, and Michelle Quigley. 1989. "The Information Specialist: Malpractice Risk Analysis." *Online* 12, no. 3 (May): 57-62.
Puckett, Marianne, Pamela Ashely, and J. Pat Craig. 1996. "Issues in Information Malpractice." *Medical Reference Services Quarterly* 10, no. 2 (summer): 33-45.

Rees, Alan M. 1991. "Medical Consumerism: Library Roles and Initiative." In *Managing Consumer Health Information Services*, ed. Alan M. Rees. Phoenix: Oryx.

Rothstein, Julie A. 1993. "Ethics and the Role of the Medical Librarian: Healthcare Information and the New Consumer." *Bulletin of the Medical Library Association* 81, no. 3 (July): 253-58.

Rodwell, John. 1984. "Legal Responsibilities of Special Librarians" *Australian Special Libraries News* 17, no. 3 (Sept.): 11-15.

Rubin, R., and T. Forehlich. 1996. "Ethical Aspects of Library and Information Science." In *Encyclopedia of Library and Information Science*, ed. A. Kent and C. Hall. Volume 58, supplement 21. New York: Marcel Dekker.

Stover, Mark. 1987. "Confidentiality and Privacy in Reference Service." *RQ* 27, no. 2 (winter): 240-44.

Strauch, K., and B. Strauch, eds. 1990. *Legal and Ethical Issues in Acquisitions*. New York: Haworth.

Tomaiuolo, Nicholas G., and Barbara J. Frey. 1992. "Computer Database Searching and Professional Malpractice: Who Cares?" *Bulletin of the Medical Library Association* 80, no. 4 (Oct.): 367-70.

Wan, Ronglin. 1994. "Reflections on Malpractice of Reference Librarians." *Public Libraries* 33 (Nov./Dec.): 305-9.

Weiner, R. 1997. "Privacy and Librarians: An Overview." *Texas Library Journal* 73, no. 1.

Available online at www.txla.org.pubs.tlj-lq97/privacy.html.

Wood, Fred B., Becky Lyon, Mary Beth Schell, Paula Kitendaugh, Victor H. Cid, and Elliot R. Siegel. 2000. "Public Library Consumer Health Information Pilot Project: Results of a National Library of Medicine Evaluation." *Bulletin of the Medical Library Association* 88, no. 4 (Oct.): 314-22.

5章 消費者健康分野の蔵書の構築

5.1 方針および評価指針

　ミシガン州の公立図書館員を対象に，健康情報の提供について調査したところ，42％は自館の健康分野の蔵書が十分ではないと思っていると報告し，49％は自分たちの蔵書がもっとよければ，健康情報質問に答える効率が上がるだろうと感じていた（Baker et al. 1997）。最新で質の高い健康分野の蔵書を発展させることは，利用者の健康情報質問に効果的に答えるために非常に重要である。健康情報分野の蔵書は，公共図書館員が管理する他のタイプの蔵書と同じ方法で管理されるが，この分野に特に重要な点がいくつかある。

● 大量の健康分野の資料と多岐にわたる医学の話題に取り組まなければならない。図書館が予算とスペースの制約を受けている場合，館内資料を購入するために特定の主題分野を決めることは当惑させられる。これは公共図書館特有の課題であり，健康情報は情報源が提供される多数の中の一つの主題領域にすぎない。印刷出版物の増えることは医療情報源の幅広い選定につながったが，一方で図書館員には選定と組織化の技術を磨くことが必要とされてくる。インターネット上の健康情報の爆発的増加は，ある意味で仕事をより容易にした。インターネット情報源は図書館の規模や蔵書

予算に左右されない。インターネット情報源は整理作業を必要としないし，書架のスペースを取らない。こうした図書館の壁を越えた情報源へのアクセスの提供は，主要なサービスになりつつある。Rees(2000, 11)はこう指摘する。「館内の蔵書を確保することは必須であるものの，健康情報のすべての領域へ一般からのアクセスを容易にすることは，ますます重要になってきている。最も包括的なアクセスを提供する図書館は，少なくとも最も多くの蔵書を持つ図書館と同じくらい高く評価されるだろう。求められているのは，消費者健康情報を増やすことではなく，流通している情報源の第一人者としての役目を果たし，適切な資料がどこにあり，どのように見つけるか知っている熟練した図書館員である。」しかし，オンライン上の健康情報は課題を提示している。コンピュータ，有料オンラインデータベースおよびインターネットサービスプロバイダのためには，資金とスペースが必要である。健康に関連するインターネットサイトはあまりに多く，図書館員や利用者が使用するために情報を評価し組織化する際，最新なものを維持するのは難しい。

● **ある医学主題領域では得られる情報はあり余るほどあるが，他の領域ではほとんどないかまったく公表されていない。**心臓病，がん，糖尿病および関節炎について論じた新しい出版物が常にある一方で，ほとんどあるいはまったく注目を集めない他の健康に関する話題がある。最近まで，整形外科，外科的処置，皮膚科および歯科学について論じられている消費者向けの図書は見つけるのが容易でなかった。毎年最新流行の，あるいはホットな話題について出版される図書が

急増している (Rees 2000)。近年多数取り上げられた主題の例には，更年期，前立腺がん，乳がん，C型肝炎および線維筋痛症が含まれる。代替・補完医療に関する出版物もまた，近年さらに著しく成長した。小さなニッチ出版社は，ヨガ，足つぼマッサージ，中国漢方，アロマセラピー，ホメオパシーおよび指圧のような代替療法についての図書を出版している。

●**健康情報はすぐに古くなる。**書架での耐用時間が限られている健康情報は，予算獲得，蔵書構築に専念するスタッフの時間，整理作業，見直しおよび点検・除架に影響を及ぼす。健康情報分野の蔵書が最新であることは，質の高い情報を提供する図書館員の能力に直接影響を与える。どのような新しい情報源が必要か，そして既存のどの情報源が古くなったか判断するために，ヘルスケアに後れを取らずついていくということは真の課題である。

●**質の高い情報をどのように識別するのか，一時的な流行のダイエット本や他の疑わしい有害かもしれない情報を含む資料の要求にどのように答えるかを，図書館員は知っていなければならない。**医学の実践において見解の違いはよくあることなので，これは特に問題のあることである。誤った情報やいんちき療法から見解の違いを区別することは必ずしも簡単ではない。と同時に，たびたび高い要求がある，一時的な流行のダイエット本のようなしばしばリクエストされる図書を，公共図書館が持つことが期待されている。

●**図書館は，資料をどの形態で所蔵するか決めなくてはならない。**広範囲で膨大な質の高い資料と多様な健康に関する話題は，何を買うべきか決定するのを困難にするばかりでなく，

選ぶべき形態を決めるのも難しくする。ますます多くの図書館員が，いくつかの印刷版の情報源を中止し，より効果的ですばやく更新される電子版に置き換えるべきかどうかといった判断を行っている。図書館員はまた，健康分野のウェブサイトが，図書館の印刷版および電子版情報源をどのように補完することができるかについて調査し始めている。さらに彼らは，どこのサイトが，ある特定の健康に関する話題について，図書や他の図書館の情報源を購入する必要をなくすかを判断する基準と評価方法を開発しつつある。

これらの懸案によって課題が同定される一方，さらに，これらは図書館員が一般市民向けの健康情報を選定し組織化する案内人として役割を果たす機会を示している。図書館での健康情報の提供におけるインターネットの影響力といった問題も発展し続けるだろう。しかし，多くの問題は，健康情報資源の蔵書管理方針および選定，提供，点検・除架の指針によってうまく取り組むことができる。

(1) 蔵書管理方針の開発

図書館の蔵書目的および範囲の定義を明文化した蔵書構築方針を持つことは重要である。この方針が図書館の使命と目標を支援するだろう。蔵書管理方針が蔵書の選定，管理，見直しおよび除籍が適用される論理的根拠および目的を明らかにする。それは，図書館資料の整備においての優先事項を定め，職員，利用者，図書館委員会，および潜在的な資金供給機関にそれらの優先事項を説明する助けとなる(Murray

1995)。方針とは「なぜ」を示した文書であり,業務手順は仕事を成し遂げるための「どのようにするか」という指示書と言えるのだ (Repman and Downs 1999)。

方針を開発する場合,あなたが何を行っているか,また,なぜそれを行っており,それはどうすれば一番うまく成し遂げられるかを明確にしなさい。Futas (1995) や Cassel と Futas (1991) のような標準蔵書構築テキストは,一般手引きとして役に立つ。方針文章を作成する段階的な計画が,Anderson (1996) によって提供されている。2つの優れた蔵書構築に関するウェブサイトとして,A Tool Kit of Links and Documents for Collection Development and Management Librarians (http://ublib.buffalo.edu/libraries/asl/staff/cd_toolkit.html) と,小さな地方公共図書館のためのサイト Collection Development Training for Arizona Public Libraries (www.dlapr.lib.az.us/cdt/collman.htm) がある。ゼロから自分で始めるよりも,他の図書館と対話し,他の図書館の健康情報分野の蔵書に対処している一般的な蔵書管理方針、さらにその他の追加的方針の写しを入手しなさい。ウェブ上の蔵書構築方針のディレクトリが ACQWEB で見つけることができる (http://acqweb.library.vanderbilt.edu/cd_policy.html)。ラドノー公共図書館 (Radnor Public Library) の蔵書方針は,本章の終わりの付録にある。

蔵書管理方針はほこりがかかった引き出しの中やノートの中の書類ではなく,生きていて呼吸している書類であるべきである。すでにあなたの図書館で蔵書管理あるいは蔵書構築の方針があるならば,図書館で現在起きていることを反映しているかを確認するためにこれを見直しなさい。図書館の蔵書管理方針が,消費者健康分野の蔵書を計画・構築・管理す

ることに関して、ここで議論されている問題に取り組んでいることを確かめなさい。これらは全体的な方針の中に組み込むか，あるいは独立した章をたてることもできる。取り組み方はどうあれ，明文化された健康分野の蔵書方針と指針を作成すべきである。そうすれば，あなたの健康分野の蔵書はバランスを保つことができ，選定に関する文書化された論理的根拠を提供することができるだろう。

消費者健康分野の蔵書を構築する場合において，多くの要素が考えられるべきである。蔵書の目的と範囲を定義することによって選定の過程が導かれる。あなたの利用者とあなたの予算は主要素であろう。選書基準，開発ツール，貸出パラメータおよび図書館員の義務を明記することによって，蔵書が適切に整備され，図書館の目標および基準を一般市民に明確に説明できることを確実にする助けとなろう。

① 蔵書の目的と範囲

蔵書の目的および範囲を明確に定義することは，蔵書構築の第一歩である。蔵書には専門家向けの医学教科書，看護あるいは近接の保健・健康情報源を含めるか。包括的な蔵書である必要があるか。それとも，そこには蔵書の支援を提供できる，地域的な蔵書，地域の医学図書館，図書館コンソーシアムおよび他の資源共有との協力関係などがあるか。蔵書はいくつかの主題について重点的に扱うのか。それとも，多くの主題を広く浅く扱うか。除外する主題領域はあるだろうか（もしそうならば，なぜ）。どのような資料形態のものを収集するのか。

これらの質問に答えることで，あなたの選定過程が導かれ

るだろう。公共図書館の大半は，健康レファレンス質問のほとんどが消費者向きの文献を使用して答えることができることを発見するだろう。少数の精選された専門家向けの教科書と雑誌で，蔵書を補足したいと思う公共図書館もあるかもしれない。

　健康分野の蔵書の深さを決める場合，他のどの医学関連情報源が利用者にとって利用しやすいか決定しなさい。あなたの図書館の健康分野の蔵書を補足し拡充するための，専門分野に特化した健康分野の蔵書があるだろうか。例えば，フィラデルフィアのHIV/AIDS図書館がある。この図書館の存在により，この地域の他の図書館はこの主題について広範囲に収集する必要性が削減されている。

　医療，看護あるいは近接の保健・健康分野のカリキュラムを支援する資料を除外するといった，蔵書の限定について確認することは重要である。また，この限定は電子アクセスのみの医学雑誌とニュースレターといったように，形態に関連することができる。スペースや職員の抑制は，必然的にパンフレット資料が制限されてしまうことになるのかもしれない。

　典型的な消費者健康分野の蔵書といったものはないことを忘れないでほしい。ほとんどの蔵書は同じようなコアな主題領域を扱っているだろう。だから，あなたの図書館の地域社会や地理的なサービス領域における特定の情報要求に対処するように，そこから蔵書を拡大すべきであろう。地域の医療情報についての要求（第1章参照）を分析し，地方自治体の健康機関，医療保険会社やヘルスケアシステムが，そのような要求に対応しているのかどうか確認しなさい。よく質問を受ける主題を特定するために，健康情報に関するリクエスト

の記録をとっておきなさい。

　広い主題領域を利用することで，健康分野の蔵書範囲を特定しなさい。これらには次のような主題領域が含まれる。
- 代替・補完医療
- 行動保健学
- 子どもの健康
- 死および臨終
- 歯科学
- 医薬品情報
- 環境衛生
- ヘルスケアの提供
- 医学教科書と看護学教科書
- 医療消費者運動，医療保険問題や患者の権利
- 医学ガイドブック
- 医学用語と定義
- 医学検査と診断
- 男性の健康
- メンタルヘルス
- 高齢者の健康と老化
- 情報源ディレクトリ－医師や病院，ナーシングホーム，ホスピス
- セルフケアとウェルネス－栄養，エクササイズ，予防
- セクシャリティ
- 特定の病気，健康状態や障害－診断・治療・薬物乱用
- リハビリテーションおよび慢性疾患や身体障害とのつきあい方
- 女性の健康

蔵書が役立つ特定の利用者を特定しなさい。高齢者，児童およびティーンエイジャーを含む年齢層を考慮しなさい。マイノリティの健康問題への取り組みや，文化的多様性を反映した資料を収集することに関する記述を含むことを忘れないように。資料を英語以外の言語でも提供するかどうか決めなさい。図書館の蔵書が支援しようとする健康情報分野における利用者の要求を，次のように明確にしなさい。
●個人の個人的な健康情報質問
●学生への健康に関するカリキュラム
●ヘルスケア専門家からの問合せ
●地域の保健担当部門の要求

　地域社会のニーズ評価の見直しによって，優先度の高い健康情報要求を決定する助けとなるだろう。

　最後に，予算は蔵書範囲と深さにはっきりと影響を及ぼすだろう。蔵書の構築と更新に毎年いくらくらい使うことができるか。定期的にそれを更新する余裕があるか。健康分野の蔵書の維持には，時間と資金の確約が必要である。消費者健康分野の蔵書はさまざまな主題領域を網羅している。だからその主要な主題領域を示す必要がある。指針と方針が，図書館の健康分野の蔵書の更新のために年間の予算が必要であることを述べているかどうか確認しなさい。

②　選書，構築，貸出

　いったん，ある範囲での蔵書の領域と深さを確立したならば，資料の選定と見直しの基準を決めなさい。それらの基準には,資料の通用期間と刊行日付に関する記述を含めなさい。健康分野の蔵書がどれくらいの頻度で見直され，そして点検・

除架されるか決めなさい。健康分野の蔵書からの資料の除籍についての基準を含めなさい。健康情報資源のための蔵書構築ツールを特定しなさい。こうした問題に対する基準の開発について，以下でより詳細に論じられている。

大切なのは，健康分野の蔵書の管理を担当する専門の職員の任命や職員による委員会を設けることである。これにより確実に健康分野の蔵書を定期的に更新することができ，資料の通用期間を調査することができる。

蔵書構築方針に，蔵書資料についての苦情や異論を処理する手順を備えなさい (Spatz 2001)。健康情報というのは議論や見解の違いが起こる領域である。医学の実践に関する見解の多様性は医学文献に反映されている。図書館蔵書の選定を助けるために，明文化された方針が用意されている必要がある。備えあれば憂いなし，である。

貸出も，健康情報分野の蔵書方針と指針で取り組むべきもう一つの領域である。どのような資料をどのくらいの期間貸出すのか決めなさい。もし予算が非常に限られているのならば，あなたは蔵書を貸出さないことを検討したいかもしれない。あまり好ましいことではないが，必要とされるときに資料が手元にあることが保証される。これは公共図書館の中央的な館で時々採用される。フィラデルフィア医学会（College of Physicians of Philadelphia）では，公共図書館を含む州の関連機関からの郵便や電話でのリクエストに答えるため，小規模の蔵書を持つことが必要とされたので，最初に消費者健康分野の蔵書を構築したときに貸出をしないという方針を決めた（Kenyon 1991）。この貸出をしない方針は数年間効果的に働いたが，C. エベレット・クープ地域健康情報センターの創

設とともに，医学会は貸出をするという方針に変えた。

　貸出さない蔵書がある場合，利用者が資料からページをはぎ取りたくならないように，安価に複写をとれるようにしなさい。貸出さない蔵書がない場合でも，電話でのレファレンスと来館している利用者のために資料が手元にあるように，一般的な資料の複本の購入や広範囲の参考禁帯出の資料の指定について検討する必要があるだろう。さらに，一般的な資料については貸出期間を短くすることを検討したいと思うかもしれない。

(2) 健康情報資料の選書および見直し基準

　消費者健康資料が多数であることと予算が限られていることは，健康情報分野の蔵書を構築する図書館員の悩みの種である。一つの特定な話題に関して入手可能なものすべてを購入する余裕は，我々にとってはほとんどない。何を購入するべきか決定するときは，次の一般的な選書指針を考慮しなさい。

- 指針として図書館の明文化された蔵書構成方針を手本として積極的に参照しなさい。
- 蔵書において，その資料が新しい情報を紹介していなかったり，最新の見解を示していない場合を除いて，同じ主題に関する別の図書の購入を続けるよりも，むしろ蔵書をふくらませなさい。利用者の要求，レファレンスと貸出統計，および主題の人気度もまた購入を優先する際に考慮に入れる必要があるだろう。
- 医学的見解と倫理的観点での異なる立場を示しなさい。蔵書には，妊娠中絶，自殺および避妊といった問題について

異なった見解の資料を含むべきである。また，代替医療，補完医療，統合医療についての資料も持つべきである。主流の権威のある資料を提供することによって，議論のあるベストセラーの要求とのバランスを保ちなさい。一時的に流行するダイエットがよい例である。もし，あなたがこのようなダイエット本を買う場合は，必ず健全な栄養学情報を提供する蔵書を同様に構築しなさい。

●評価プロセスに役立つチェックリストを使用しなさい。

① 健康情報資料の選書基準

消費者健康分野の資料の選書基準は，他の主題領域で用いられている基準とほとんど異なりはないが，健康資料の選定や評価をする場合に考慮すべき問題がいくつかある。次の一般的な基準は，健康分野の蔵書資料の選書の上で信頼できる基礎になるものである。

1) 著者の資格

著者の資質はこの出版物に適格であるか。資格によって著者が彼らの知識および視点をどのように得たかがわかる。教育，各種の資格，経験および研修は，著者にその主題について信頼をもって書く資格を与えているだろうか (Spatz 2001)。

2) 出版社の評判

出版社の評判はもうひとつの指標である。Addison Wesley 社，Lippincott 社，Williams and Wilkins 社のような大きな出版企業は，編集委員会や外部の論評グループを持っているので，しっかりとした質が保障される。国立の健康機関および特定疾患に取り組む団体も考慮に値する。ジョンズホプキン

ズ（Johns Hopkins），ハーバード（Harvard），メイヨークリニック（Mayo Clinic）およびコロンビア（Columbia）のような多くの学術医療センターが消費者向けの資料を出版している。多くの消費者向け健康分野の図書は小さな出版会社から出されている。これらの図書は個々に評価されるべきである。多少なりとも，出版社が真実を傾斜させる傾向や根拠があるかどうかを明らかにされているべきである。編集委員会の推薦文に目を通しなさい。健康情報の出版における質と経験について，同じ出版社の他の出版物のタイトルを見直しなさい。

3) 範囲および内容

その情報源は消費者向きか。情報は利用者の教育水準にあっているか。また，それは明示されているか。

たいてい，利用者は一気に読むことができ，必要に応じて参照する章にいくつかに分割され，簡潔で理解しやすく表したものを探している。意味を明確にせず医学用語を使用している資料は最良の情報源とはいえない。消費者が彼ら自身のヘルスケアに関する知的な判断を下すのに，その出版物が助けとなるかどうかをあなた自身に問いなさい。

4) 正確性

著者が提供している情報を実証するために，彼らはどんな研究や支援を提供しているか。

5) 最新性

情報源の出版年と参考文献の日付を確認しなさい。医学研究と医学の実践は急速に変化している。情報源がまだ販売されていたとしても，その情報がまだ最新であるとは思ってはならない。特に診断と治療の領域では，1～2年以上前の情報源を購入する前によく考えなさい。特に薬物療法についての

情報はすぐに時代遅れになる。

6) **参考文献資料をきちんと備えた資料**

参考文献は著作物の重要な要素である。それらはレポートを書く学生と同様に，慢性症状について情報を求めている個人にも役立つ。参考文献はバイアスのない信頼できる情報源から提供されるべきである。参考文献中に査読を受けた情報源を含むということは，出版に先立って専門家の審査パネルによって評価された科学的研究を著者（たち）が概観したという事実を裏づけている。著者の主張が用いられた参考文献によって十分に実証されているという保証はない。しかし，参考文献は著者がある程度の研究を行ったことを示している。参考文献は著者によって提供される情報を実証するのに十分な徹底さが必要とされる。どの著作がより最新の参考文献を備えているか確認することは，同じ主題に関する2つあるいはそれ以上の図書のどれにするか決める際のよい方法となる。

7) **見解の多様性**

著者あるいは著者たちはさまざまな見解を提供しているか。提供していない場合，その図書はバイアスを読者にはっきり述べているか。バランスがとれて客観的な主題の全体像を提供している資料を探しなさい。参考文献が含まれることによって，著者が有用な情報を提供するつもりか，彼ら独自の見解を提供するつもりかどうかわかる (Jennings 1983)。これはひとつの出版物においていつも有効だとは限らない。蔵書が問題のすべての側面を説明するために，いくつかの異なる情報源が必要とされる。出版物が特定の見解を示している場合は，それが明白に述べられていることを確かめなさい。無料の出版物は，実は特定の製品や治療のための宣伝であることがあ

るので注意しなさい。また，特に視聴覚教材では人種とジェンダーに対する偏見を見分けることも重要である（Spatz 2001）。

8) 構成

情報源は使いやすいか。論理的に配列されているか。索引，イラストおよび図解，医学用語の用語集および他の読むべき資料のリストがあるか。

索引は，医学的問題における特定の側面を探すのに非常に役に立つ。イラストや画像は外科的処置や人間の生理学のように言葉による記述から理解するのが困難なものを，視覚的に説明するのに非常に有益である。皮膚がんがどのように見えるかや，形成手術の術前術後を示すように，百聞は一見にしかずといった状況の場合，写真はその症例を表すのにその価値は測りしれない。類似の情報源がある中で，最良の選定を行うためにこうした基準を使いなさい。

9) 蔵書範囲および価格

情報の価値はその価格にふさわしいだろうか？　それが図書館の蔵書管理方針の指針内に入っているか。

図書館員は費用と利用の均衡をとらなければならない。類似の資料がインターネット上で利用可能ではないか確認しなさい。その形態は他に比べて安価で使いやすいか。どの情報源がその地域レベルで利用可能であるか。高価な医学のディレクトリや教科書が時折必要な利用者には，おそらく近くの大学か病院図書館を紹介することができるだろう。

要するに，科学的根拠に基づく健康分野の蔵書を持つことが重要なのである。信頼できる事実に基づいていないと思われる，一時的に流行するダイエット本や他のポピュラーな健康分野の図書への利用者の要求は，質の高い健康情報を提供

する必要性とつりあいをとらなければならない。宗教告白を含んでいたり，商業製品を販促したり，有害な治療あるいは差別を主張したりする情報源の選択を避けなさい（Starr 2000）。

② 蔵書の除籍―点検・除架

内容が最新であることは，点検・除架のために健康情報資源を評価する際に，図書館員を導くべきおもな要素である。ある蔵書構成の専門家は，5年以上たった図書は内容が最新であるか調査し，それらの大部分を廃棄するように勧めている（Futas 1995）。ある消費者医学図書館員は，疾病の診断と治療についての情報の価値は3年しか保たれないと忠告している（Spatz 2001）。闘病，死および臨終や，介護というようないくつかの話題領域の中には，決して古くならない標準的な資料がある一方で，他の医学領域は急速に変化している。誤った情報や不適切な情報には身に迫る危険がある。1～2年前の図書でさえ，特定の分野を劇的に変化させた発見についての情報を含んでいないかもしれない。これはHIV/AIDSや遺伝子研究のような分野では特にいえる。

C.エベレット・クープ地域健康情報センターの職員は，蔵書を毎年見直している。3年以上たった資料すべてと同様に，科学的研究によって影響を受けた主題領域が見直しの対象となっている。情報が最新であるか疑わしい場合，ヘルスケア専門家あるいは他の主題専門家に意見を聞くべきである。バーチカルファイルは，2年ごとに点検・除架すべきである（Murray 1995）。

あなたの図書館のヤングアダルトおよび子どものため健康分野の蔵書を，点検・除架するのを忘れてはならない。「若者

は一般に世慣れしていない図書館利用者である。小学校の児童はもとよりティーンエイジャーが著作権登録年を確認したり，彼らのレポートを時宜を得たレファレンスブックですばやくチェックしたり，あるいは図書の表題の一部分が有用だとしても，なぜ図書の全体が間違いのないものでないかということを理解するといったことを,期待することはできない。結局，彼らは図書館からそれを得るのだ。」(Cerny 1991, 130)

　図書館学文献に認められる，点検・除架を阻む要素は下記のとおり：
●蔵書の質よりも蔵書の図書の冊数を重要視すること；すなわち，点検・除架は書架を空に見せてしまう（Farber 1999）。
●点検・除架作業は退屈で，時間がかかる（Farber 1999）。
●新しい資料のための予算不足と，レファレンスリクエストが少なく既存の蔵書で対応可能であること（Truett 1990）。
●一般市民は図書館が図書を廃棄するのを見てしばしば憤ることがある（Slote 1997）。
●図書館員自身多くの場合,蔵書から資料を減らしたくない；すなわち，主観的な決定を下すことに居心地が悪いのである（Slote 1997）。

　これらの理由は図書館の蔵書の中に時代遅れであったり，もしかしたら有害な健康情報を保持しているという根拠にはまったくならない。

　点検・除架にはさまざまな方法がある。Slote（1997）は，さまざまなアプローチに関してよい概要を提供している。点検・除架は個人個人あるいは委員会によって行うことができる（Joswick 1993）。レファレンスブックや，大量に要求された主題領域から点検・除架を始めなさい。これまでに点検・除

架した主題領域の優先リストをつくりなさい。そうすれば，新しい資料が得られるようになったときに，そのリストによってギャップを埋めることができる。点検・除架の基準には次が含まれる。
- 出版年
- 適時性
- 利用
- 図書の物理的な状態
- より新しい版，あるいはより広範囲な情報源の入手可能性

　点検・除架は一度だけの企画ではなく，継続し，そして定期的に行う必要がある。有用であるために医学情報は更新されなければならない。したがって，医学書は情報が正確であるか，内容が最新であるかいうことを定期的に見直さなければならない。貸出用蔵書，パンフレット類のファイル，視聴覚の蔵書およびレファレンスブックを含むすべての医学分野の蔵書について点検・除架を怠ってはならない。蔵書の除去は時代遅れの資料を除去するだけでなく，図書館員および利用者に蔵書をより利用しやすくし有用にする (Harloe and Barber 1990)。

　「大規模な学術図書館は，歴史的研究を助けるためにより古い版を保持する必要があるが，公共図書館や学校図書館は，不正確な情報が書いてあるそのような古い出版物を持ち続ければ害を与えることになる。同じことがディレクトリや利用者マニュアルにもあてはまり，情報が時代遅れというだけでなくひどく誤解を招く恐れがある。」(Martin 1997, 16) 利用者は健康についての決定を下すために，最新で正確な情報を必

要としていることは忘れないように。利用者は，質の高い情報源を提供してくれる図書館員の専門知識に期待している。

　点検・除架した資料の処分に関する指針を作成することは大切である。歴史的な蔵書を持っているならば，それぞれの図書にその主題に関して，より新しい情報が入手できることを示した注意書を含む必要がある。図書を販売したり第三世界各国の図書館に寄贈したりして，不要な資料を処分している図書館もある。古くて点検・除架された健康情報源は，有害な情報を含んでいるかもしれないということを忘れてはいけない。古い資料をゴミ箱に捨てずに，それで何かすることには注意を払うべきである。

5.2 健康分野の資料の選書のためのツールと情報源

　方針と基準の制定は，蔵書構築過程のごく一部にすぎない。健康情報資料の選定の助けとなるような情報源が必要である。この節であげられた情報源と選定のためのツールには，書評の情報源，健康関連団体，書籍代理店および政府関連機関が含まれており，それらはあなたの蔵書をつくり上げるのに助けとなるであろう。

(1) 書評

　質の高い図書を識別する最良の方法のひとつは，書評を用いることである。書評の情報源には——*Library Journal*, *Kirkus* や *Booklist* 誌のように——図書館員によく知られているものもある。また，消費者健康分野の資料を論評している消費者健康図書館による出版物も数多くある。次のようなものであ

る。

Consumer Connections　http://caphis.mlanet.org
　米国医学図書館協会（Medical Library Association: MLA）の消費者・患者健康情報部会のオンラインニュースレター。消費者健康情報源の批判的なレビューを提供する。

Healthnet News　http://library.uchc.edu/departm/hnet
　Healthnetによる季刊オンライン出版物。Healthnetとは，消費者健康情報サービスの展開の中で，コネチカット州の公共図書館を支援しているコネチカット消費者健康情報ネットワーク（Connecticut Consumer Health Information Network）のことである。

　専門家向け医学雑誌でも，消費者健康および専門医学情報源の書評を提供することがある。次のようなものである。

Journal of the American Medical Association（JAMA）
　http://jama.ama-assn.org
New England Journal of Medicine　www.nejm.org
Annals of Internal Medicine　www.annals.org

(2) 書店および代理店

　ウェブ上の書店では，簡単に新刊書を見つけることができ，概要を読んだり割引を得られたりする。書店に直接行けば，健康情報資料をじかに手にとって吟味することができる。
　特別に健康分野のリストを作成している代理店もある。そのリストは質が高く，または特定の関心事に関する資料を識

別することができる。例えば Majors Company では，消費者健康資料について特別な注釈つきのリストを提供している。インターネット上のほとんどの書店において，消費者が書評を投稿することができる。Baker and Taylor's Title Source 2 といったウェブサイト上の図書館代理店では，サイト上で専門家向け雑誌にある書評を提供している。

Majors Company　http://www.majors.com
　この代理店は専門家向けの医学出版物に特化し，特別な消費者健康リストを提供している。「Alan Rees on Consumer Health」と題されたコラムが，Major の季刊報である *A Major Report* に掲載されている。

Amazon Books　www.amazon.com
Baker and Taylor　www.btol.com
Barnes and Noble　www.bn.com
Ingram　www.ingrambook.com
Login Brothers Canada　www.lb.ca

(3)　コアリスト

　消費者健康図書館，医学図書館および公共図書館の図書館員たちは，健康情報分野の質問に答える際に有用だと感じた資料のリストを作成し共有している。コアリストは手始めに使うにはよいツールであるが，「一番よいもの」を見つけることは難しいということと，新しい資料が常に出版されているために，リストはすぐに古くなってしまうということを覚えておかなければならない。代表的なコアリストは以下のとおりである。

Building the Dynamic Consumer Health Collection（ダイナミックな消費者健康蔵書の構築）. Michelle Spatz. *Journal of Hospital Librarianship* 1, no. 1 (2000): 85-99.

The Consumer Health Information Sourcebook（消費者健康情報源集）. the 7th ed. Ed. by Alan Rees. Greenwood Pub Group, 2003. $71.95　ISBN 1-573-56509-1

これは，消費者健康分野の蔵書を構築し更新するための，非常に優れた総合的な情報源である。印刷物，電子情報源やインターネット情報源を対象としている。単行本，パンフレット，雑誌，スペイン語および補助的な専門家向け情報源をレビューしている。2章には消費者健康情報源最優秀リストを掲載している。健康情報サービスを提供する360を超える健康団体のアドレスを収載。この図書は，消費者健康情報専門家でオハイオ州クリーブランドのケースウエスタンリザーブ大学（Case Western Reserve University）図書情報科学の名誉教授であるAlan Reesによってつくられた。消費者健康分野の蔵書を持つすべての人の必須購入本である。

The Medical Library Association Consumer Health Reference Service Handbook（米国医学図書館協会消費者健康レファレンスサービスハンドブック）. Donald A. Barclay and Deborah D. Halsted. New York: Neal-Schuman, 2001. $59.95　ISBN 1-55570-418-2.

これは，子どもと成人のための印刷物とインターネット健康分野の情報源の推奨リストを提供する新しい情報源。

The Consumer and Patient Health Information Section of the Medical Library Association（CAPHIS）（米国医学図書館協会消費者・患者健康情報部会）　http://caphis.mlanet.org

CAPHISウェブサイトには多くの有用なコアリストがある。この情報源は定期的に更新されるので,定期的に点検する必要がある。このサイトには現在,次のようなコアリストが含まれる。

Bibliography of Consumer Health Books(消費者健康分野の図書の書誌).アーカンソー消費者健康情報ネットワーク資源タスクフォース(The Arkansas Consumer Health Information Network Resource Task Force)。

Choices in Health Information. ニューヨーク公共図書館(New York Public Library)のJane Fisherにより推薦される,消費者健康レファレンスリスト。www.nypl.org/branch/choices/でも利用できる。

Consumer Health Bibliography for the Small Public Library(小規模公共図書館のための消費者健康図書の書誌). Gail Hendler, New York University Medical Center.

Consumer Health Library Collection Guide and Alternative/Complementary Medicine-Selected Bibliography(消費者健康図書館蔵書案内および代替／補完医療の精選図書の書誌). Susan Murray, 消費者健康情報サービス, トロントレファレンス図書館。

Core Bibliography of Consumer Health Reference Books(消費者健康参考図書のコア図書の書誌). Healthnet: Connecticut Consumer Health Information Network, The Lyman Maynard Stowe Library, University of Connecticut Health Center.

Pediatric Consumer Health Information(小児科の消費者健康情報). Brenda Pfannenstiel, Kreamer Family Resource Center, Children's Mercy Hospital and Clinics.

Growing Older: A Health-Related Resource Guide（年をとっていくこと：健康に関連する情報源ガイド）

http://library.uchc.edu/departm/hnet/agingresource.html

Comp. Judith Kronick, Healthnet: Connecticut Consumer Health Information Network, The Lyman Maynard Stowe Library, University of Connecticut Health Center.

Library Journal http://www.libraryjournal.com/

この雑誌では，消費者健康に関する特別のサプリメントを提供している。それは注釈をつけないで主題で並べられた大きな推薦リストだけでなく，限られた数だが健康分野の資料の注釈のある選定リストも提供している。新しい2つの特集が2001年5月1日にサプリメントとして追加された。ウェブ上の健康情報を見つけ評価するためのガイド，および2000年ベスト医学書24冊のリスト（年間を通じて，蔵書構築に関する記事もいろいろな健康分野の話題について発表されている）。

Mental Health Resources: A Guide for Patients and Families（メンタルヘルス情報源：患者と家族のためのガイド）

http://library.uchc.edu/departm/hnet/mentresource.html

Comp. Judith Kronick, Healthnet: Connecticut Consumer Health Information Network, The Lyman Maynard Stowe Library, University of Connecticut Health Center.

Planning and Managing the Consumer Health Library（消費者健康図書館の計画および管理）. Michele Spatz. Dalles, Ore.: Planetree Health Resource Center, 2000. $50.

消費者健康図書館の蔵書を構築することについての優れた概観を提供している。"Book Suggestion List"と"Journal

Suggestion List." を参考にするとよい。

Resources for Planning a Consumer Health Library（消費者健康図書館を企画立案するための情報源）
http://nnlm.gov/scr/conhlth/resplan.htm
Julie Grimes, Family Resources Library, Children's Hospital of New Mexico, June 2000.

専門家向けのコアリスト

これらの選定リストには，小規模な病院図書館では購入しきれない多くの資料が特定されているが，それらは医学・看護学・関連健康分野における最新で専門的な医学の教科書や雑誌の有用なガイドとなっている。

Brandon/Hill Selected List of Print Books and Journals for the Small Medical Library（Brandon/Hill 小規模医学図書館のための印刷版図書および雑誌選定リスト）. Dorothy R. Hill and Henry N. Stickell. *Bulletin of the Medical Library Association* 89, no. 2 (Apr. 2001): 131-53. ［2004年以降は http://www.mssm.edu/library/brandon-hill/ にあり。］

Brandon/Hill Selected List of Books and Journals in Allied Health.（Brandon/Hill 健康関連図書および雑誌選定リスト）. Dorothy R. Hill and Henry N. Stickell. *Bulletin of the Medical Library Association* 88, no. 3 (July 2000): 218-33. ［2004年以降は http://www.mssm.edu/library/brandon-hill/ にあり。］

Brandon/Hill Selected List of Nursing Books and Journals.（Brandon/Hill 看護図書および雑誌選定リスト）. Dorothy R. Hill and Henry N. Stickell. *Nursing Outlook* 48, no. 1 (Jan./Feb. 2000): 10-22.

[2004年以降は http://www.mssm.edu/library/brandon-hill/ にあり。]

(4) 米国政府

米国政府は消費者健康情報の巨大な情報源である。ほとんどの政府系機関はウェブサイトを持っており，さまざまな健康情報源を提供している。例えば，利用可能な多くの情報源の例としては次のようなものがある。

Centers for Disease Control and Prevention（疾病対策予防センター）
www.cdc.gov　スペイン語：www.cdc.gov/spanish/default.htm
疾病対策予防センターの使命は，疾患，外傷および身体障害の予防と制御によって健康で質の高い生活を促進することである。親機関は保健社会福祉省（Department of Health and Human Services: DHHS）である。ほかに，国立慢性疾患予防・健康増進センター（National Center for Chronic Disease Prevention and Health Promotion），国立出生異常・発達障害センター（National Center on Birth Defects and Developmental Disabilities），国立傷害予防管理センター（National Center for Injury Prevention and Control）および国立ヒト免疫不全ウイルス・性行為感染症・結核予防センター（National Center for HIV, STD, and TB Prevention）がここに含まれる。

FirstGov for Consumers　www.consumer.gov
米連邦取引委員会（Federal Trade Commission: FTC）の消費者保護局によって開発された消費者向けのゲートウェイ。加齢対策局（Administration on Aging: AOA），環境保護庁（Environmental Protection Agency: EPA）および食品医薬品

局（Food and Drug Administration: FDA）を含む連邦機関へのリンクを提供している。

Federal Consumer Information Center（連邦消費者情報センター）

www.pueblo.gsa.gov

コロラド州プエブロ（Pueblo, Colorado）の消費者情報センターで，2000年2月に連邦情報センター（Federal Information Center: FIC）と合併した。消費者問題およびサービスに関する質問へ回答するための1か所で間に合う情報源を作成している。Consumer Information Catalog（消費者情報カタログ）は，さまざまな連邦政府関係機関によって調査され書かれた，無料および廉価な出版の広範囲なリストで，オンラインで利用可能である。トピックには健康，育児，食品，栄養，および消費者保護が含まれる。

FirstGov www.FirstGov.gov

2000年9月に開始。このサイトの特色は，すべての米国政府の情報およびサービスへのキーワード，トピックそして政府機関による索引である。

Healthfinder

www.healthfinder.gov/ スペイン語：www.healthfinder.gov/espanol

このウェブサイトは，保健社会福祉省によって構築され，米国政府機関，健康組織，大学，図書館および州や地方自治体機関へのゲートウェイである。

MedlinePlus www.nlm.nih.gov/medlineplus

米国国立医学図書館のウェブサイトで，健康情報を生み出している1,000を超える組織へのリンクを提供している。

National Institutes of Health: NIH（国立衛生研究所）

www.nih.gov　スペイン語：http://salud.nih.gov

連邦政府の健康研究部門である国立衛生研究所は，25の独立した研究所とセンターで構成されている。国立衛生研究所は保健社会福祉省の一部門である公衆衛生サービス（Public Health Service: PHS）に属する8健康関連機関のうちのひとつである。

(5) 健康団体

消費者向けの健康情報は，ボランティア健康関連団体や消費者団体から大量に得ることができる。地域の電話帳は，健康情報について連絡をとることのできる地域の健康関連団体や支援グループ，権利擁護団体の名前と電話番号を，お金をかけずに見つけることができる情報源である。**Healthfinder**や **MedlinePlus** は，消費者健康資料を提供する多数の健康関連団体へのリンクを提供している（前述「米国政府」参照）。その他の情報源は次のようなものがある。

Encyclopedia of Associations: National Organization of the US
36th ed. 3vol. Gale Group, 2000. ISBN 0-7876-3112-4.
一般市民のための健康情報を生産している多くの健康関連団体への連絡先情報を提供している。

The American Self-Help Clearinghouse Sourcebook Online（米国自助クリアリングハウス情報源・オンライン資料集）．comp. Barbara J. White and Edward J. Madara.
http://mentalhelp.net/selfhelp
この検索データベースは，800を超える全米および国際的な支援グループについての情報を提供している。

(6) 図書館蔵書

　消費者健康図書館を直接あるいはインターネットで訪れてみなさい。消費者健康図書館員は，消費者向けの健康情報分野の蔵書構築をすることを専門にしている。自館の蔵書に加えたい資料を識別するために，彼らの蔵書を見直すとよい。例をあげる。

Consumer and Patient Health Information Section
　http://caphis.mlanet.org
　CAPHISは，消費者健康情報を提供する図書館のリストを提供している（CAPHISホームページから，「CAPHIS Consumer Health Library Directory」を選ぶと見ることができる）。
MedlinePlus　http://medlineplus.gov
　消費者健康図書館のリストを提供している。

(7) 学術医療センター

　大規模な学術医療センターの多くは，図書，ニュースレターやその他の消費者向けの出版物を出版している。次のようなものである。

The Columbia University College of Physicians and Surgeons Complete Home Medical Guide（コロンビア大学内科・外科総合家庭医学ガイド）　http://cpmcnet.columbia.edu/texts/guide
Harvard Health Publications（ハーバード大学健康出版物）
　http://www.health.harvard.edu/
Yale University Press（エール大学印刷局）　www.yale.edu/yup

ウェブサイト上で消費者健康に関するパスファインダーを掲載している図書館では，蔵書のための推薦リストを提供することもできる。特に参照すべきは次のものである。

Camden County (N.J.) Library
  http://njref.camden.lib.nj.us/pathfinders/healthpath.htm

(8) メーリングリスト

蔵書構築に関するアイディアや経験，見解を，米国医学図書館協会のメーリングリストのCAPHIS（消費者・患者健康情報部会）で共有するとよい。蔵書構築は主要な議論テーマである。このメーリングリストは，蔵書構築提案のための非常に貴重な情報源である。参加するには：インターネットでlistserv@hslc.org宛にメールを送る（タイトルは空白にして）。メッセージには「Subscribe CAPHIS」という文章と，あなたの氏名を書く。

多くの州およびコンソーシアムが，蔵書構築に関する質問やアイディアを投稿するのに役立つメーリングリストを提供している。

(9) 専門学協会

多くの専門医学協会は，消費者を対象にした質の高い健康情報を出版している。例えば次のものがある。

American Academy of Family Physicians（米国家庭医学会）
  www.aafp.org
American Academy of Orthopaedic Surgeons（米国整形外科学会）

www.aaos.org

American Academy of Pediatrics（米国小児科学会）

www.aap.org

5.3 ニュースレター，定期刊行物，雑誌

　消費者健康指向のニュースレター，定期刊行物および雑誌は，図書館の健康分野の蔵書を継続的に最新に保つ効果的な方法を提供している。この形態の消費者出版物は過去5年で著しく拡大した。あらゆる年齢層のための主要な疾病や症状に関する出版物がある。ニュースレターの発行元には，学術医療センター，ボランティアの健康団体，消費者擁護団体，および商業出版社がある。

　医学分野や消費者健康分野の選ばれた雑誌やニュースレターを定期的に見ることによって，図書館員は医療での最新の傾向や一時的な流行，安全性と公衆衛生問題での最新の話題，そして蔵書構築や健康関連プログラムに関する情報源における変化に後れを取らずついていくことができる。さまざまな一般の健康分野のニュースレターと同様に，医学雑誌 *JAMA* や *New England Journal of Medicine* を定期的に見ることは，指名を受けた職員にとって有用であることがしばしばある。

　図書館の蔵書としてすでに定期的に受け入れているような多くの一般誌は，健康問題，特に女性と子どもに関係する問題を扱っている。これらのタイトルとしては，*Better Homes and Gardens*, *Essence*, *Glamour*, *Good Housekeeping*, *Ladies Home Journal*, *Modern Maturity*, *New Choices*, *Oprah*, *Parents*, *Redbook*, *Rosie*, *Saturday Evening Post*, *Woman's Day* などが

含まれる。

　図書館利用者がアクセスできるデータベースに索引された雑誌を選定すべきである。そうすれば，データベースを画面で見るだけでなく，そのニュースレターや雑誌の有用性が広がるだろう。Health Source Plus や Alt-Health Watch といった消費者健康データベースの契約を検討すべきである。このデータベースは2つとも，EBSCOhost（www.epnet.com），Health Reference Center，InfoTrac の一部，および Gale Group（www.galegroup.com/library）の Health and Wellness Resource Center を通して利用することができる。

　これらのデータベースには，それらが索引している定期刊行物の多くの全文記事を含んでいる。消費者健康分野のデータベースのレビューで，この両製品は消費者にとって有益なものとして認められている（Golderman and Connolly 2001）。

　多くの医学雑誌はウェブサイトを持っている。通常，全文へのアクセスを雑誌の購読者に制限しているが，冊子体の存在する雑誌の大部分は目次と抄録を提供している。雑誌出版社の中には，選択された論文全文へのアクセスを提供しているところがいくつかある。また，過去の論文の全文を提供し始めた雑誌もいくつかある。MDChoice（www.mdchoice.com）は，*American Family Physician*，*JAMA*，*The Lancet*，*RN* およびいくつかの医学教科書への全文オンラインアクセスを提供している。*FDA Consumer* の全文はオンライン（www.fda.gov/fdac）で利用できる。Harvard Medical School newsletters（www.health.harvard.edu）では，目次と選択論文が提供されている。*Men's Health*，*Prevention*，*Alternative Medicine* といったその他の雑誌の論文の抜刷りを利用することができる。オンライン

で情報を提供している医学雑誌の注釈のある完全なディレクトリは，まだない。PubMed Central（www.pubmedcentral.nih.gov）は，米国国立医学図書館の国立バイオテクノロジー情報センター（National Center for Biotechnology Information: NCBI）によって運営されている生命科学分野の雑誌文献のデジタルアーカイブである。これはおもに学術的で専門的な医学雑誌である。このウェブ上の個々の雑誌を探すには，検索エンジンでそのタイトルによって検索するとよい。

(1) 雑誌情報源

The Consumer Health Information Sourcebook（消費者健康情報源集）. the 7th ed Ed. by Alan Rees. Greenwood Pub Group, 2003．$71.95 ISBN 1-573-56509-1
第4章では消費者健康雑誌およびニュースレターを扱っている。

Healthnet
コネチカット消費者健康情報ネットワーク（Connecticut Consumer Health Information Network）. Lyman Maynard Stowe Library, University of Connecticut Health Center. Farmington, CT 06034-4003
http://library.uchc.edu/departm/hnet/nlist.html
消費者健康分野の雑誌およびニュースレターの推奨リストを提供している。

Healthfinder　www.healthfinder.gov
113誌を超える専門家向けおよび消費者向け健康分野の雑誌へのリンクを提供する。全文ジャーナルへのアクセスが多くの電子情報源を介して利用することができる（第6章

参照)。

(2) 推奨雑誌

以下に記すのは,消費者健康分野の蔵書のための推奨雑誌タイトルリストである。このリストには多くの公共図書館が購読しているより多くのタイトルがあるが,情報源リストとして提案しておく[MEDLINE 収録誌のみを掲載]。

Breastfeeding Review
 ISSN 0729-2759,年 3 冊発行
 www.breastfeeding.asn.au/lrc/bfreview.html
FDA Consumer
 ISSN 0362-1332,$13.50,隔月刊,http://www.fda.gov/fdac/
 米国食品医薬品局(U.S. Food and Drug Administration: FDA)の公式雑誌。ダイエット,栄養および新薬に関する最新研究成果を提供。ウェブ上で全文が見られる。
Harvard Health Letter
 ISSN 1052-1577,$32,月刊,http://www.chpg.net/index.html
Harvard Heart Letter
 ISSN 1051-5313,$32,月刊
 http://www.chpg.net/index.html
Harvard Men's Health Watch
 ISSN 1089-1102,$32,月刊
 www.health.harvard.edu/newsletters/Harvard_Mens_Health_Watch.htm
Harvard Women's Health Watch
 ISSN 1070-910X,$32,月刊

www.health.harvard.edu/newsletters/Harvard_Womens_Health_Watch.htm

HealthNews: Straight Talk on the Medical Headline
ISSN 1081-5880，$29，年 12-15 冊発行
http://my.webmd.com/webmd_today/home/default.htm

Johns Hopkins Medical Letter Health after 50
ISSN 1042-1882，$28，月刊　www.hopkinsafter50.com

Mayo Clinic Health Letter
ISSN 0741-6245，$25，月刊
www.healthe-store.com/MayyoNews/My_News_Hl.asp?id=

専門医学雑誌

Alternative Medicine Review
ISSN 1089-5159，$95，隔月刊
http://www.findarticles.com/p/articles/mi_m0FDN

Alternative Therapies in Health and Medicine
ISSN 1078-6791，$155，隔月刊

American Family Physician
ISSN 0002-838X，$144，隔月刊　www.aafp.org

Annals of Internal Medicine
ISSN 0003-4819，$161，隔月刊　www.acponline.org

British Medical Journal
ISSN 0959-535X，$406，週刊　http://bmj.bmjjournals.com/
［現在は BMJ（Clinical research ed.）ISSN 0959-8138］

JAMA: Journal of the American Medical Association
ISSN 0098-7484，$245，週刊　www.jama.com

Lancet

ISSN 0099-5355，$450，週刊　www.thelancet.com/

Medical Letter on Drugs and Therapeutics

ISSN 0025-732X，$59，隔週刊

New England Journal of Medicine

ISSN 0028-4793，$399，週刊　www.nejm.org

5.4 視聴覚資料

　視聴覚資料は，消費者健康分野の蔵書における印刷版や電子情報源への重要な補完資料となりうる。ビデオは免疫システムあるいは病気のプロセスのような医学的な事柄や，複雑な健康問題を図解するために有用なメディアである。これらは実習の技術を見せる際に役立ち，病気，死および死ぬことに立ち向かう個人個人の判断を力強く伝えることができる。また，視聴覚資料は印刷資料の読解が難しい利用者の支援にもなる。視聴覚の形態を好む人々——コンピュータゲームやテレビの早い動きに慣れている児童やティーンエイジャーのような——にとって，ビデオは健康教育の代替的な手段となる。また，オーディオテープやCDはストレス緩和や疼痛管理といった話題に便利な媒体でもある。

　ビデオはすでに図書館で一般的な形態の資料となっている。Mason-Robinson（1996）の報告によると，ビデオが公共図書館の貸出の10～40％を占めている。このビデオの貸出のほとんどは娯楽系のものであるが，この形態の人気はビデオが自然なかたちで教育用の健康分野の情報源の蔵書を拡大し，構築することを示している。もっと言えば，図書館は利用者が他では見つけることが難しい有用なビデオを作成する

ことができるのである。Mason-Robinson は，大部分のコミュニティにおいて公共図書館のみが最も主流のポピュラーな資料以外についての情報源となっていると指摘している。

本節では視聴覚資料の蔵書方針の構築を議論し，資料を評価するための指針を提供する。健康情報ビデオは政府機関やボランティア機関によってよくつくられ，あまり市場に出回らないので，それらを見つけることが困難である。そこで視聴覚資料および専門的な批評についての情報源を提供する。

(1) 視聴覚資料の蔵書方針の構築

視聴覚資料の蔵書構築指針となる方針をたてることは非常に有用である。方針を記述する際には，蔵書の目的および対象となる人を明確にしなければならない。例えば，個々の利用者が自分の健康に関する情報ニーズに関連して借りそうな資料，あるいは図書館行事やコミュニティ活動のような団体行事開催のための資料を図書館が入手するかどうか決めなければならない（ビデオをグループで鑑賞する場合には，図書館はどのように公での実演権を処理するか決めなければならない）。蔵書に含む視聴覚資料の形態を検討しなければならない。

次の質問に答えることは，自館の所蔵資料の評価指針となる包括的な方針の記述に役立つだろう。
- すべての年齢層を対象とした資料を入手するか，成人だけを対象とした資料を入手するか。
- 消費者健康分野のどの領域に蔵書の焦点を当てるか。
- 図書館のサービス対象地域では蔵書が取り扱うべき特定の要望があるか。

- 英語以外の言語の資料を加えるか。
- 他の提携機関と共同で蔵書を構築するか。
- 資料の貸出はどうするか。
- 図書館が開催したプログラムのライブビデオも含めるか。
- 地域ではビデオと同様にDVD資料の要望があるか。
- オーディオブック版（オーディオカセットやCD）がついている人気のある印刷資料は副本を作成するか。
- 寄贈はどのように扱うか。それらの選定の基準はどうするか。

(2) 視聴覚資料の評価

　健康分野の視聴覚資料の評価ガイドラインは，印刷資料のそれと多くの点で類似している。内容の表現，正確さ，および最新性が最も重要である。批評，人々との討論あるいは試写を通じて，その資料が図書館でつくられた収集基準を満たすかどうか判断しなければならない。資料が筋道を立てて表現されているか，とりわけこの形態を活用したものかを確かめなければならない。蔵書が健康と病気のプロセスに関する基本的な情報を提供することに加えて，異なる見解とバランスがとれているか確かめなければならない。

　ビデオの製品価値を評価するときは，次の点に注意しなければならない。視覚的な作用がある場合を除いて「肩から上が大写しになっている人」で構成されたビデオ――たった一人の人が講義しているような――を選ばない。その表現はあなたの興味と合っているかどうか。それは有益か。自分の健康あるいは家族の健康に関して十分な情報に基づいた判断をする助けとなるか。役者や司会者の服装，ふるまい，あるい

は言葉づかいは時代遅れではないか。人種やジェンダーについての固定観念を助長していないかどうか。対話の部分は形式張っていないか、あるいは現実離れしていないか。購入予定のビデオを評価するとき、評価チームにヘルスケア専門家を含めることは有用であろう。健康支援グループのメンバーは、消費者の視点からビデオを評価するためのよい情報源にもなりうる。

Mason-Robinson (1996) は、視聴覚資料の技術的側面の評価に次の要素を推奨している。

● 映像―撮影技術が語りの部分を補っているか。映像は焦点が合っているか。教育用のビデオは普通、単刀直入であって、独創的なショットを必要としない。それは内容から気をそらしうるからである。

● 音響―何を言っているのか理解できるか。BGM が大きすぎたり、気を散らされないか。

● 編集―「よい編集とは通常目につくものがないことである」と Mason-Robinson は指摘している。ある部分が冗長であったり、あるいは気が遠くなるほど長い時間費やしている部分はないか。

● 演出―演出は信じられるか。配役の割り当ては文化的多様性を含んでいるか。

(3) 視聴覚資料の選定

多くの健康分野のビデオが、政府機関、ボランティア健康団体、大学および病院によって作成されているが、あまり市場に出回っていない (Murray 1995)。どんなものが出版されているか知るために、健康分野の視聴覚資料を製作あるいは流

通している会社のカタログの郵送リストに入るとよい。健康に関連する分野で働いている地域の人々と会話をするとよい。視聴覚資料の販売業者や特定の健康分野の資料の推奨について，患者と看護教育者と同様に，病院図書館員と連絡をとりなさい。

専門的な視聴覚資料の書評情報源

Booklist　American Library Association
　　年 22 回発行，$74.50　www.ala.org/booklist

Library Journal
　　月 2 回発行，$119　www.libraryjournal.com/

Science Books and Films
　　American Association for the Advancement of Science
　　年 6 冊発行，$40　www.sbfonline.com
　　あらゆる年齢層を対象とした科学全般に関する印刷資料および非印刷資料を専門とした批判的な書評誌。

Video Librarian
　　隔月刊，$47　www.videolibrarian.com
　　公共，学校，大学および専門などの図書館用のビデオ書評誌。

視聴覚資料の一般的な情報源

Baker & Taylor Alert
　　月刊　www.btol.com
　　主要作品，特定の関心事，子ども，家族および非劇場用ビデオや視聴覚資料を対象とした注釈つきの出版物。

Bowker's Complete Video Directory 2001

4巻セット，$299　ISBN 08352244229

Ingram Video Update　www.ingramentertainment.com
健康とフィットネスについてのビデオ，DVD およびオーディオブックを含む幅広い話題の視聴覚資料情報源を提供。

Library Video Company　www.libraryvideo.com
教育用ビデオ，CD-ROM，DVD およびそのほかの教育用資料の販売業者。

National Audiovisual Center

National Technical Information Service

www.ntis.gov/nac/index.html

連邦政府によって開発された 9,000 を超える教育・研修用視聴覚・メディア製品の主要な情報源。主題およびキーワードによって検索できる。

National Information Center for Educational Media

www.nicem.com

NICEM 視聴覚資料データベースは，あらゆる主題領域，あらゆる年齢層を網羅した 605,000 を超える教育・研修用資料を収録している。OCLC およびその他のオンラインカタログ，特に WSCAT（http://wiscat.lib.wi.us/）のような州全体にわたっているものを試してみるとよい。

健康視聴覚資料の情報源

CAPHIS メーリングリストおよび 2 つの情報源リスト：Consortium for Health Information and Library Services（www.chi-info.org/ の video catalog）および米国国立医学図書館の Educational Media and Technology Section の「AV and Software Publisher Directory」（http://emts.mlanet.org/）からの提案を参考

にするとよい。どちらも Consumer Health: An Online Manual から利用することができる。これは NNLM South Central Region によって作成されたものである (http://nnlm.gov/scr/conhlth)。

図書館

Hawaii Medical Library

Consumer Health Information Service
http://hml.org/CHIS/index.html
図表，模型およびビデオテープなどを含む広範囲の視聴覚資料を所蔵。図書館で購入する資料を検討する際のよい情報源。

The Health Library at Stanford Hospital

http://healthlibrary.stanford.edu/
ウェブインターフェースを通して見ることができる，デジタル化された消費者健康分野のビデオ所蔵資料を提供。60以上のビデオが現在ダウンロード可能となっている。多くのプログラムが RealNetworks の Real Video で提供されている。また，小規模な選定資料が，Optibase 社からのブロードバンドのストリーミング MPEG-1 ビデオで利用することができる。ビデオの中には「女性と健康と健康問題」という題名の PBS テレビ用に製作された一連のシリーズ番組もある。PBS 図書館のホームページから「Online Health Video」を選択する（詳細は，*MLA News* 319 号 17 ページの Howard Fuller 記事を参照）。

Idaho State Library　http://media.isl.state.id.us/
内容と対象となる消費者についての簡単な注釈を備えた，主題によってグループ化した新しい健康分野のビデオ一覧

を提供。ビデオはアイダホ州の学校，民間団体，個人および組織への貸出が可能である。他州の図書館担当部署およびあなたの地域の図書館システムやコンソーシアムによって管理されている同様の蔵書を探すとよい。

University of Michigan

Comprehensive Cancer Center

Patient Education Resource Center

www.cancer.med.umich.edu/learn/leares.htm

がんについての100を超えるビデオのコレクションを所蔵している。「videotape」をキーワードとしてオンラインカタログを検索すれば，ビデオの全リストが得られる。さらに，キーワードあるいは主題と「videotape」という語で検索すれば，特定の話題についてのビデオリストを得ることができる。

データベース

Combined Health Information Database

米国連邦政府の健康関連団体によって製作された。健康情報と健康分野の教育情報源に関する資料および情報の入手方法を提供。詳細検索オプションでは，形態による検索ができる。

Cumulative Index to Nursing and Allied Health

CINAHL Information Systems

5.5 パンフレット

パンフレットは，簡潔に話題の概要を提供するのに優れた

情報源である。大多数の健康分野のパンフレットが，無料あるいは最小限の費用で利用できる。パンフレットは多くの場合，他の形態では簡単に得られない情報（統計データなど）を提供している。パンフレットは最新で，読みやすい補足資料として，児童とヤングアダルトへのレファレンスワークにおいて特に有用であることがわかっている (Chang 1983)。

米国政府は，国，州および地域のレベルで多くのパンフレットを提供している。Healthfinder（www.healthfinder.gov）とMedlinePlus（www.medlineplus.com）は，政府が製作したパンフレットを特定するためにまず利用すべき2つの政府機関ウェブサイトである。これらのサイトは国立衛生研究所の種々のクリアリングハウスや疾病対策予防センターといった，健康情報の重要な情報源へのリンクを提供している。多くの健康機関は一般市民への啓蒙を責務と考えており，優良で，読みやすい，支援となる出版物を発行している。地域や州の健康機関から入手できる無料パンフレットは数千とある。米国家庭医学会（American Academy of Family Physicians）や米国小児科学会（American Academy of Pediatrics）などの専門医学会も，消費者健康情報のパンフレットを発行している。Rees（2000）の報告によると，入手できる健康分野のパンフレット，カタログおよび小冊子のうち，およそ3分の1は専門学協会が発行している。

病院，患者擁護団体，企業および製造会社もパンフレットを発行している。彼らはマーケティング，広報活動や募金調達のためだけでなく，一般市民への啓蒙のためにパンフレットを使っている (Rees 2000)。情報を提供しているか，中身が製品やサービスのための隠された広告だったり，寄付金を勧

誘するための手段ではないか確かめるために,パンフレットを精査することは重要である。消費者健康図書館の中には,広告だと考えられる可能性があるので,その話題に利害関係のある機関が作成した,あるいは共同して製作されたパンフレットは収集しない,と決定したところもある(Murray 1995)。

パンフレットは多くの場合不定期に発行されるので,改訂されたのか,別のパンフレットに置きかわったかどうか判断するために,出版社と連絡をとる必要がある。日付のないパンフレットがあることもある。最新かどうか判断するときのために,パンフレットが到着したらすぐに忘れずに受領日印を押しておくとよい。

電話やメールによるパンフレットの注文に加えて,現在多くの出版社ではファックスやインターネットで彼らの出版物を入手できるようにしている。多くのパンフレット発行元にはインターネットサイトがあり,パンフレットを注文したり,さらにはアクセスして利用できるものもある。そのようなパンフレットは,画面上で見たり,印刷したり,あるいはコンピュータへダウンロードすることができる。Rees (2000)が「サイバー文書」と呼ぶ,発行元のウェブサイトでのみ入手可能なものもある。こうした傾向は,インターネットアクセスが各種の社会経済的レベルを越えてより普及するにつれ強まる。インターネットが,非常に安価で,一般市民に向けて情報を出版し,更新し,伝達するためのより効果的な方法である,と気づいてきたヘルスケア機関がますます増えている。こうした変化から,図書館の一般アクセス用インターネット端末は,地域のすべての人がこうした健康情報を幅広く利用できるようにするために,重要な役割を果たしている。

精選された健康情報分野のパンフレットを展示する場所を，図書館に設けることを検討すべきである。パンフレットは簡潔な情報を提供し，利用者はこれらを請求または貸出する必要がないので，匿名性が保たれる。フィラデルフィアのC. エベレット・クープ地域健康情報センターでは，パンフレットが一般市民へ健康情報を広める際に重要な役割を果たしている。ここでは複数部数の無料の健康分野のパンフレットが，壁のディスプレイ棚に用意されている。健康分野の一般蔵書に埋もれてしまう他の薄い資料と同様に，無料パンフレットの複本2部がパンフレットファイルに入れられている。このファイルは，米国国立医学図書館のシソーラスMeSH に基づいて主題別に配列されている。ファイルフォルダは，それぞれ主題で目録がとられ，オンライン目録に掲載される。こうしておけば，利用者や図書館員が特定の健康問題に関する情報を探すときに，その情報源を見つけることができる。基金を求めたり，特定のサービスや製品の販売促進するようなパンフレットを除外するために，図書館職員が明文化された基準に基づきパンフレットを精査している。パンフレット蔵書の構築を始めるならばまず，パンフレットをどのように入手し，組織化し，分類し，点検・除架するか決めておくことが重要である。

(1) バーチカルファイル，パンフレットファイルの構築

　バーチカルファイルを維持するべきか，過去のものは廃棄すべきかについて，図書館学の文献で議論され続けている。「バーチカルファイルを持つべきか，持たざるべきか：それが問題だ」というのは，Payson (1995) による論文の魅力的

な導入部であり，そこではそのようなファイルを保有し維持する利点と負担について考察している。Paysonは，推薦はしないまでも，バーチカルファイルを持たない図書館と，大きく活発でよく整理されたバーチカルファイルを持つ図書館は，管理の悪いバーチカルファイルを持つ図書館よりも現在の図書館の方針により満足している，と結論を下している。1995年に発表された研究によると，バーチカルファイルは時間がかかりすぎる，その割にはあまり利用されていない，と考えられている。

　図書館は，*Encyclopedia of Associations* で健康関連団体を識別し，消費者向けの出版物を注文することで，パンフレット蔵書を構築することができる。地域の電話帳は，消費者健康情報のパンフレットや他の形態の資料を発行している地域や地方の健康関連団体を探し出すのによい情報源である。地域の健康・社会福祉サービス機関もまたよい情報源である。地方新聞は，健康関連の機関やサービスを時々掲載している。こうした機関と連絡をとり，彼らの郵送リストを入手するとよい。

　パンフレットファイルを構築し維持するのは，大変手間のかかる仕事である。他の蔵書資料と同様に，ファイルは点検・除架し，最新に保つ必要がある。それをおろそかにしてはいけない。ネブラスカ図書館委員会の「STARレファレンスマニュアル」(*STAR Reference Manual*) は，館独自の情報ファイルを構築するための指針を提供している（参照　www.nlc.state.ne.us/ref/star/contents.html）。展示する場所，バーチカルファイルを置くスペースが制限される場合，次のことに焦点をしぼって検討するとよい。

- 地域の非営利団体,市,郡および州のサービス
- よくある質問
- メディケア,メディックアラートアクセサリー[訳注:糖尿病などの患者が身につけるブレスレット等],臓器提供および患者の権利といった他では簡単に見つからない情報
- HIV/AIDS,十代の妊娠,家庭内暴力,摂食障害,不妊およびレイプなどの話題を含む利用者がたずねにくい情報

(2) パンフレットの情報源

非常に少ないが,以下に利用できるパンフレット情報源の例をあげる。

コアリスト

The Consumer Health Information Sourcebook(消費者健康情報源集).the 7th ed. Ed. by Alan Rees. Greenwood Pub Group, 2003. $71.95 ISBN 1-573-56509-1

第11章は,英語のパンフレット,第12章はスペイン語のパンフレットを扱う。

機関

米国植物学評議会(American Botanical Council)

www.herbalgram.org

植物の安全性,毒性および臨床治療を含む薬草療法について,科学的根拠に基づいた,見つけにくい情報源の目録を提供。

米国がん学会(American Cancer Society) www.cancer.org

がん予防,診断,治療についてのパンフレット。

関節炎協会(Arthritis Association) www.arthritis.org
治療,診断,運動および対処法を含む関節炎に関係するさまざまな話題を提供するパンフレット。

小児麻痺救済募金運動先天的欠損症財団(March of Dimes Birth Defects Foundation) www.modimes.org
妊娠,妊婦管理,遺伝的および先天的欠損症,乳児養護,死別について。

米国医学図書館協会(Medical Library Association: MLA) www.mlanet.org
「Deciphering Medspeak」と題する医学用語の解読を助ける優れたパンフレットを発行。インターネット上の質の高いヘルスケア情報を特定する方法についてのためになる情報を含む。

全米患者情報教育会議(National Council on Patient Information and Education) www.talkaboutrx.org
よりよいコミュニケーションによって,より安全でより効果的な医療に参画する約200の組織の連合体。

政府機関

医療研究・品質庁(Agency for Healthcare Research and Quality) www.ahrq.gov
ヘルスケアのアウトカム,質および利用コスト,アクセスについて根拠に基づいた情報を提供。治療の選択肢,健康計画,予防および治療の質について論じたパンフレットが英語とスペイン語で利用可能。

疾病対策予防センター(Centers for Disease Control and Prevention) www.cdc.gov

AからZまでの健康分野の話題について豊富な情報を提供。
連邦消費者情報センター（Federal Consumer Information Center）

www.pueblo.gsa.gov

Consumer Information Center と Federal Information Center が合併し，2000年2月に設立。これは Consumer Information Catalog の本拠地であり，すべての出版物の全文が載っている。目録は年間4回発行され，さまざまな連邦機関による200を超える無料か安価な出版物の記述的なリストである。

FirstGov　www.firstgov.gov/

政府機関情報，サービスおよびオンラインでのやりとりの3000万ページに及ぶ米国政府ポータルサイト。

食品医薬品局（Food and Drug Administration: FDA）

www.fda.gov/opacom/catalog/decemcat.html

食品安全性，健康詐欺についての申し立て，薬物療法，中毒およびマンモグラフィの基準を含む広範囲の話題を網羅するパンフレットと読みやすい出版物。

専門学協会

米国家庭医学会（American Academy of Family Physicians）

www.aafp.org

薬物嗜癖，老化問題，子どもおよび思春期の健康，疾病，健全な生活，男性と女性の健康およびメンタルヘルスを網羅する，K7レベル（第7学年）で書かれた患者用パンフレット。

米国小児科学会（American Academy of Pediatrics）

www.aap.org

育児，予防接種，安全性および外傷予防，幼児死亡症候群を含む，子どもの健康問題についてのパンフレット。

米国産科婦人科医学会（American College of Obstetricians and Gynecologists） www.acog.org

妊娠，避妊，婦人科の問題，生理機能およびセクシュアリティを含む，女性の健康問題についてのパンフレット。

出版社

Channing L. Bete. Co.　www.channing-bete.com

一般的な消費者に役立つ「Patient Information Booklets」を提供。7つの言語で出版物の翻訳サービスを提供。

ETR Associates　www.etr.org

患者教育パンフレット，小冊子およびポスター。

Journeyworks Publishing　www.journeyworks.com

禁煙，妊婦管理，子どもの健康，暴力防止，フィットネスと栄養，アルツハイマー病を含む話題を提供する健康増進パンフレット。スペイン語，ベトナム語および中国語の資料を提供。

Krames Communications　www.krames.com

25を超える専門家による1,900の健康と安全教育の資料を提供。資料には小冊子，ビデオおよび切り取りページを含んでいる。特徴としては，識字能力の低い人用およびスペイン語で読める資料が約300資料ある。

Pritchett-Hull, Inc.　www.p-h.com

心臓病，糖尿病，栄養，がんおよび子どもの疾病を含むさまざまな話題のパンフレット，カタログ，フリップ，ポスター，切り取りページ，図書およびビデオ。スペイン語の

資料もある。

5.6 多文化・多言語の健康分野の情報源

図書館員は社会における増大する文化の多様性を認識し，蔵書にこの実態を反映するよう職員を参加させ，情報源を作成するべきである (Johnson-Cooper 1994)。1990 年の米国国勢調査によると，3180 万人の米国在住者が家では英語以外の言語を使って話している。米国在住者は少なくとも 329 の言語を話しており，都市の中には英語を話す人口が 60％未満というところもある (Smith and Gonzales 2000)。2030 年までには，ヒスパニック系人口は 113％，アジア系アメリカ人の人口は 132％までに増加すると予測されている (Smith and Gonzales 2000)。

文化，言語，そして経済的な障壁は，病気の予防，早期の診断および治療に影響を与えている (Sadler et al. 1998)。米国医務総監によって発表された調査では，米国の民族と人種におけるマイノリティは「精神的疾患についての健康分野における要求がまだ対処されないことで，より大きな苦痛を感じており，その結果総合的にみた彼らの健康と生産性において，大きな損失をこうむっている」と報告されている (DHHS 2001, 3)。こうした人々は多くの場合，他のアメリカ人よりサービスへのアクセスが少なく，やや質の劣る治療を受け，苦痛を感じるときも助けを求めることをあまりしていない。*Healthy People 2010* は，最も重要な避けられうる健康への脅威を特定し，その脅威を減少させるという国家的目標を達成するために制定された，国民健康政策の文書である (DHHS

2000)。そのおもな目標のひとつに，住民の異なるグループ間での健康格差の排除がある。この健康改善の挑戦への取り組みは，すべての人の積極的な参加を必要とする共同責務である。図書館員は地域の多言語・多文化的な健康情報の必要性に敏感に注意を払うことによって，この目標に対処することを支援することができる。

Healthy People 2010 では，アフリカ系アメリカ人，アメリカンインディアン，およびアラスカ先住民の中での乳児死亡率が，白人の倍以上であることに注目している。米国在住のヒスパニック系アメリカ人は，糖尿病による死亡率が非ヒスパニック系の白人の約2倍である。アジア・太平洋諸島系アメリカ人は，平均的に米国で最も健康な人口集団のひとつであるが，この人口集団の中でもかなり大きな相違がある。特定のグループにおける健康格差が高い。例えば，ベトナム系女性は白人の女性のおよそ5倍の率で子宮頸がんにかかっている（DHHS 2000）。

文化や言語の違いにより，医師の予約をとりつけられない人々もいる。彼らは電話で意思を伝達するのに困難を感じている。予約に関することや，医師の治療指示，今後のフォローアップの治療についていくことで，誤って理解することが起こりうる。文化に基づく信仰と伝統は病気の進行や治療成績に影響しうる。*The Spirit Catches You and You Fall Down*（『精霊に取りつかれて正気を失う』Anne Fadiman 著，Farrar Straus & Giroux, 1998）は，カリフォルニアの一地域で西洋医学とモン族文化の世界が衝突したときに起こったことについて，鋭敏に評価したものである。この図書は，文化的・言語的障壁を抱えた人々がヘルスケアを求めたときに降りかかる難関についての

一定の理解を読者に与えている。

　図書館，ことに公共図書館や消費者健康図書館は，異なる人種的，文化，言語への要求を持った人々のための健康情報へのアクセス提供において，重要な役割を果たすことができる。「多言語資料の蔵書・構築・図書館サービスのための米国図書館協会指針」(ALA Guidelines for Multilingual Materials Collection and Development and Library Services) (http://www.ala.org/ala/pla/plaevents/nationalconf/program/thursday-programs/cdmultilingguidelines.doc) では次のように述べている。「人種，文化，言語の背景にかかわらず，その地域のすべての人に公平なレベルでのサービスを提供することが，図書館の責務であると考える。人種，文化，言語的な集団のための図書館資料へのアクセスは『付加的』，あるいは『特別』なサービスと考えるべきではなく，すべての図書館のサービスの不可欠な部分であるべきだ。」

　地域評価により，地域の民族・文化・言語集団を識別することができ，その集団の求める健康情報の要求を明確にする助けとなることができる。忘れないでほしいのは，民族・文化・言語の問題は，図書館がそのような集団にサービスする方法に影響を及ぼし，オンラインあるいはオフラインサービスのどちらが特定の集団に，より効果的に届くかを決定することは重要であるということである (Minkel 2001)。自館の健康分野の情報源を，地域の多文化・多言語の人々に促進することを忘れてはならない。Maine AHEC Health Literacy Center は，健康関連の多文化的なクリップアートの図書を提供している (www.une.edu/hlit/)。41種類の線画につき12ドルであり，著作権は存在しない。

(1) 情報源

多文化・多言語の健康分野の資料のための情報源には，国の健康関連組織，専門医学協会および連邦政府機関があげられる。州，都市および郡の健康関連部門もまたよい情報源である。

印刷物の情報源

The Consumer Health Information Sourcebook（消費者健康情報源集）. the 7th ed. Ed. by Alan Rees. Greenwood Pub Group, 2003. $71.95 ISBN 1-573-56509-1

第12章はスペイン言語パンフレットについて記述。

Informacion de salud para los consumidores.

Edited by Alan M. Rees with Irene Affranchino-Miniello. Phoenix: Oryx Press, 1998.

健康に関係するスペイン語の小冊子とパンフレットのための優れた情報源。英語の主題索引がある。

5.7 低いリテラシー能力と健康リテラシー情報源

「全米識字法」（National Literacy Act of 1991）は，リテラシーを「仕事や社会で役割を果たし，自分の目標を達成し，自分の知識と素質を向上するために必要とされる技能の水準で，英語で読み，書き，話し，そして計算したり，問題を解決したりするための個人の能力」と定義している。1992年の全米成人リテラシー調査（National Adult Literacy Survey: NALS）によると，4000万から4400万人のアメリカ人が，実際に読み書き能力に欠けており，さらに5000万人は最低限必要な

リテラシー能力しかない,ということがわかった (U.S. Dept. Education 1993)。この調査によると「全体の約半数の成人アメリカ人が,読み書きが不十分なため,彼らにとってきちんとした仕事に就くのが難しい」。そのうち約5％は学習障害者で,15％は米国外の生まれである。最低限のリテラシー能力がある大部分の成人は白人で,米国内で生まれたアメリカ人である。NALSは,低いリテラシー能力は高齢者の間で高く,65歳以上の成人の44％が,読書能力において最も低い水準であると報告している。米国の高まる教育（米国の成人の教育水準の平均は高校3年生以上）にもかかわらず,米国の成人の読書能力の水準の平均は中学2〜3年生くらいである (Stedman and Kaestle 1991)。

　リテラシー能力は,健康情報を理解し処理する人々の能力に影響する。米国医師会（American Medical Association）の科学評議会（Council of Scientific Affairs）は,個人の実用的な健康リテラシーを「患者としてうまく機能するため必要とされる能力で,処方薬のびん,診察予約票,およびその他の基本的な健康に関する資料を読み,理解する能力」と定義している (AMA 1999)。多くの人々が,安全性の表示ラベル,病院の書式,視力検査表,処方の指示,薬の名前を読むことに問題を抱えているのに,それを認めているのはほとんどいなかった。Weissら (1991) はこう指摘している。「貧困あるいは50歳以上であったり,白人でなかったり,保険に未加入だったり,スラム街やある特定の地域に住んでいれば,読み方について知ることはほとんどないだろう。読み書き能力に欠けることは,経済的,社会的,政治的な公民権剥奪の問題である。」文献で報告されている数々の研究では,健康リ

テラシーの欠如が病気の予防に否定的な影響を与えると同様に，健康への低いアウトカムとの関連についても報告している（Kefalides 1999; Lindau et al. 2001; Davis et al. 2001）。人はなじみのある用語や考えで書かれた資料を理解することはできるが，なじみのない用語や考えで書かれた情報を理解するのは難しい（AMA 1999）。適切な健康教育の欠如や，患者が自分の健康に関してより多くの責任を負うという必要性により，健康リテラシーの問題が増加してきた（Selden et al 2000）。患者のリテラシー能力は医師・患者間の意思疎通，患者教育，および服薬の指示に従うことに影響する（Mayeaux et al 1996）。健康リテラシーは健康をよく理解し，ヘルスケアをうまく活用するために不可欠である。

　公共図書館は読書能力のあらゆる水準に対する健康情報を提供することによって，健康リテラシー促進の役割を果たすことができる。図書館は地域におけるリテラシーの問題を認識し，低いリテラシーの人々の要求に応じる蔵書構築をすべきである。C.エベレット・クープ地域健康情報センターでは，青少年や十代向けの図書を成人向け健康分野の資料の中に組み込んでいる。こうすることで，読書能力の低い成人利用者が決まりの悪い思いをしないようにしている。健康分野の視聴覚情報源もまた，低リテラシー利用者への健康情報の伝達に役立つ情報源である。また，視覚障害者のために開発されたソフトウェアを利用することも検討するとよい。

　心に留めておくべき重要なことは，読みやすさにかかわる問題が印刷資料に限られたものではないということである。インターネット上で，消費者向けの健康情報を提供しているサイトを無作為に50個選んで評価したところ，読みやすさ

の水準は高校1年生のレベルであることが明らかになった(Graber et al. 1999)。これまでの研究は、この読みやすさの水準は、多くの消費者が容易に理解することができる水準を越えていることを示している (Overland et al. 1993; Williams et al. 1995; Folz and Sullivan 1996; Murphy 1993)。

　図書館のウェブサイト上にプロモーション用の資料とパスファインダーを構築するとき、読みやすさをひとつの要因として考慮すべきである。サービス地域全体に対して読みやすい資料を提供すべきである。読みやすさの基準は数多くある。読み書き能力の測定用 Flesch Reading Ease スコアと Flesch-Kincaid Grade Level スコアは、Microsoft Word の機能の一部として組み込まれている。

(1) 低リテラシー利用者のための情報源

　リテラシーの低い人々のための資料の情報源は、米国政府、州、地方の保健局、保健機関、病院の患者教育部門、リテラシーグループ、および出版社である。

米国家庭医学会（American Academy of Family Physicians）
　www.familydoctor.org
　家庭医の全国組織で、ウェブサイトでは読みやすい患者情報を提供する。

米国心臓協会（American Heart Association）
　http://www.americanheart.org/presenter.jhtml?identifier=3006028
　Compliance Action Program には、心臓に関する話題で読みやすい資料がある。

Channing L. Bete Company. Inc.　www.channing-bete.com/

子ども，十代，成人のためのパンフレット，ビデオ，ぬりえを含む読みやすい資料。

Consumer Health: An Online Manual

http://nnlm.gov/scr/conhlth/manualidx.htm

このサイトの特徴は，ルイジアナ州 Shreveport のルイジアナ州立大学健康科学図書館（Health Science Center Library）のレファレンスライブラリアン，Dixie Jones によって編集された *Readability Analysis of Consumer Health Materials*（消費者健康資料の読みやすさの分析）という注釈のついた文献目録である。また，健康リテラシー，利用者の読書能力の評価方法，資料の読みやすさをどのように評価するかについて議論している，印刷体とウェブの情報源を提供している。低いリテラシーの人々のための情報源を含む。

Easy-to-Read Consumer Health Information

http://nnlm.gov/train/chi/easy.html

低いリテラシーの人々のための連邦政府および地域の情報源を提供。

Health Literacy　www.nlm.nih.gov/pubs/cbm/hliteracy.html

米国国立医学図書館の Current Bibliographies in Medicine Series の一部（no 2000-1）。2000 年 2 月に発行され，この包括的文献目録は，健康リテラシーの話題について 1989 年 1 月から 1999 年 12 月までの 479 の書誌事項を含む。文献はさまざまなオンラインデータベースを検索することによって得られ，Catherine R. Selden，Marcia Zorn，Scott Ratzan と Ruth M. Parker によって編集された。

Health Literacy Toolbox　http://www.beginningsguides.net/

このサイトは，健康リテラシー月間（Health Literacy

Month，理解できる患者と消費者健康情報の必要性を促進するために 2000 年 10 月に初めて行われた）と呼ばれる大規模なプロジェクトの一部。この Toolbox は，健康リテラシーの重要性について関心を高めるための情報源を提供。より読みやすい健康分野の資料を供給するウェブサイトのリストを提供。

Health Promotion Council of Southeastern Pennsylvania
www.hpcpa.org

協議会は非営利団体であり，その使命は教育，アウトリーチおよび支援を通して，健康の増進と特に危険な病気を予防することである。リテラシーの低い人々のための健康教育の資料を，英語，スペイン語，選択されたアジア系の言語で提供する。慢性疾患のリスク削減と制御についての印刷物と視聴覚資料を一番の焦点としている。トピックスには，健康な食事，エクササイズ，喫煙，高血圧および糖尿病を含む。それらのカタログのコピーは協議会にメール (hpcpa@phpms.org) しなさい。

MedlinePlus　www.medlineplus.gov

画面の上部にある検索フィールドへ「easy to read」の語句を入力する。検索結果には，その話題のページへの長いリンク一覧が示される。Patient Education Institute からの双方向の健康チュートリアルは，読みやすい言葉で手順と症状について説明するために，アニメーション画像を使用している (www.nlm.nih.gov/medlineplus/tutorial.html)。また，チュートリアルのオーディオ版も利用できる。

Michigan Adult Learning and Technology Center: Health Literacy
http://www.malt.cmich.edu/healthlit.htm

このサイトは読みやすい患者教育資料のよい情報源である。

国立がん研究所（National Cancer Institute）

http://cancernet.nci.nih.gov/cancer_information/cancer_type/

NCI Publications Locator に読みやすい出版物のリストがある。最初の画面で，「Search for Publications」をクリックする。「Search by Keywords」の横のフィールドに「easy to read」を入力する。

National Center for the Study of Adult Learning and Health Literacy, Health and Literacy Studies

Harvard School of Public Health

このセンターは，健康とリテラシー能力について調査を実施し，彼らのウェブサイトで健康リテラシー文献目録を提供する。Harvard School of Public Health の Rima Rudd と William DeJong により製作されたビデオ「In Plain Language」では，低いリテラシー能力とその健康への影響について議論している。

National Institute for Literacy　www.nifl.gov

独立連邦機関であり，その使命は質の高い成人向けリテラシーサービスを行い，それにかかわる以下のプログラムとグループを支援することである。

Literacy Infomation and Communication System

www.nifl.gov/lincs

LINCS は，全国，地方，州の提携機関のネットワークであり，インターネット上にある成人のためのリテラシー情報源のゲートウェイである。特徴は，マルチメディアカリキュラム，リテラシーについての特別なコレクション，調査と統計，オンラインディスカッショングルー

プ，およびリテラシーサイトのピアレビューである。興味ある項目は以下がある。

Health and Literacy Compendium:An Annotated Bibliography of Print and Web-Based Health Materials for Use with Limited-Literacy Adults

www.worlded.org/us/health/docs/comp

National Institute for Literacy との共同で World Education Inc. により構築され，この概要は読みやすい多言語による健康情報と小冊子に関する，注釈のついた文献目録とデータベースを提供する。

Health and Literacy Special Collection

www.worlded.org/us/health/lincs

含まれているのは，読みやすい言語による基本的な健康情報を提供する情報源，リテラシーのためのヘルスカリキュラム，および健康とリテラシー教育に熱心な機関へのリンクである。

NIFL-Health Listserv　www.nifl.gov/lincs/

LINCS を通して，リテラシー問題のオンライン討論に申し込むことができる。過去の記事は申し込むことなしに利用可能である。赤いボタン「Discussion」を選択しなさい。

引用文献
＜5.1　方針および評価指針＞

Anderson, Joanne S. 1996. *Guide for Written Collection Policy Statements*, 2d ed. ALCTS Collection Management and Development Guides, no. 7. Chicago: American Library Association.

Baker, Lynda M., Lothar Sang, Christine Gogolowski, and Melissa Rymsza Vizzaccaro. 1997. "The Provision of Consumer Health Information by Public Librarians in Michigan. Final Report of a Research Project Funded by Small Research Grants Program." Detroit, Mich.: Wayne State University.

Cassel, Kay Ann, and Elizabeth Futas. 1991. *Developing Public Library Collections, Policies, and Procedures: A How-to-Do-It Manual for Small and Medium-Sized Public Libraries*. New York: Neal-Schuman.

Cerny, Rosanne. 1991. "When Less Is More: Issues in Collection Development." *School Library Journal* 37, no. 3 (Mar.): 130-31.

Futas, Elizabeth. 1995. *Collection Development Policies and Procedures*, 3d ed. Phoenix: Oryx.

Farber, Evan. 1999. "Weeding the Collection: Painful but Necessary." *Library Issues* 19, no. 2 (Nov.): 1-3.

Harloe, Bart, and Helen M. Barber. 1990. "Managing the Reference Collection: The Practice of Pruning." *The Reference Librarian* 29: 159 -73.

Jennings, Kelly. 1983. *Consumer Health Information: The Public Librarian's Role*. Tulsa, Okla.: Tulsa City County Library.

Joswick, Kathleen E., and John P. Stierman. 1993. "Systematic Reference Weeding: A Workable Model." *Collection Management* 18, no. 1/2: 103-15.

Kenyon, Andrea. 1991. "Health Information Services for Pennsylvania Residents Program—College of Physicians of Philadelphia." In *Managing Consumer Health Information Services*, ed. Alan Rees. Phoenix: Oryx.

Martin, Murray S. 1997. "Weeding or Deaccessioning?" *Technicalities* 17, no. 7 (July/Aug.): 16 -18.

Murray, Susan. 1995. *Developing a Consumer Health Information Service: A Practical Guide*. Toronto: Metropolitan Toronto Reference Library.

Rees, Alan M., ed. 2000. "Trends in Medical Consumerism." In *Consumer Health Information Source Book*, 6th ed. Phoenix: Oryx.

Repman, Judi, and Elizabeth Downs. 1999. "Is It Time for a Policy

Checkup?" *Library Talk* 12, no. 2: 12-14.

Slote, Stanley J. 1997. *Weeding Library Collections: Library Weeding Methods*, 4th ed. Englewood, Colo.: Libraries Unlimited.

Spatz, Michelle. 2001. "Planning and Managing the Consumer Health Library." Workshop manual, PLA/ALA/MLA conference, "The Public Library and Consumer Health: Meeting Community Needs through Resource Identification and Collaboration," January 10-11, Washington, D.C.

Starr, Lea K. 2000. "Choosing Health Books As a Consumer." www.caphis.mlanet.org/resources/bookselect.html

Truett, Carol. 1990. "Weeding and Evaluating the Reference Collection: A Study of Policies and Practices in Academic and Public Libraries." *The Reference Librarian* 29: 53-68.

＜5.3　ニュースレター，定期刊行物，雑誌＞

Goldermen, Gail, and Bruce Connolly. 2001 "Taking the Pulse." Netconnect (summer):44-50

＜5.4　視聴覚資料＞

Mason-Robinson, Sally. 1996. *Developing and Managing Video Collections*. New York: Neal-Schuman. The chapter "Evaluating Video Titles" is available on the Librarian's Help Page of the National Video Resources Web site. Accessed August 25, 2001, www.nvr.org/SMRvidtitle.html.

Murray, Susan. 1995. "Planning and Building a Collection." In *Developing a Consumer Health Information Service: A Practical Guide*. Toronto: Metropolitan Reference Library.

＜5.5　パンフレット＞

Chang, Catherine S. 1983. "The Vertical File: Versatile Library Tools. So Why Aren't You Using Them?" *Reference Librarian* 7/8(spring/summer): 201-4.

Murray, Susan. 1995. *Developing a Consumer Health Information Service: A Practical Guide*. Toronto: Metropolitan Toronto Reference Library, 75.

Payson, Evelyn. 1995. "The Vertical File: Retain or Discard?" *College & Research Libraries* 56, no.5(Sept.): 423-32.

Rees, Alan M. 2000. "Trends in Medical Consumerism." In *Consumer Health Information Source Book*, 6th ed., edited by Alan M. Rees. Phoenix: Oryx Pr., 15.

＜5.6　多文化・多言語の健康分野の情報源＞

Department of Health and Human Services (DHHS). 2001." Mental Health: Culture, Race, and Ethnicity. A supplement to Mental Health: A Report of the Surgeon General." www.surgeongeneral.gov/library/mentalhealth/cre.

―――. 2000. *Healthy People 2010: Understanding and Improving Health*. 2d ed. Washington, D.C.: Government Printing Office. www.health.gov/healthypeople/publications.

Johnson-Cooper, G. 1994. "Building Racially Diverse Collections: An Afrocentric Approach. " *Reference Librarian* 24, no.45/56:153-70.

Minkel, Walter.2001. "The Web en Español." *Library Journal Netconnect* (spring):36-37.

Sadler, Georgia Robins, France Nguyen, Quyen Doan, Hong Au, and Anne Goldzier Thomas. 1998. "Strategies for Reaching Asian Americans with Health Information." *American Journal of Preventive Medicine* 14, no.3 (Apr.):224-28.

Smith, Sandra, and Virginia Gonzales. 2000 "All Health Plans Need CLAMs." *Healthplan* 41, no.5 (Sept./Oct.): 45-48.

＜5.7　低いリテラシー能力と健康リテラシー情報源＞

American Medical Association (AMA), Ad Hoc Committee on Health Literacy for the Council on Scientific Affairs. 1999. "Health Literacy: Report of the Council on Scientific Affairs." *JAMA* 281, no.6 (Feb.10) :552-57.

Davis, T. C., N.C. Dolan, M.R. Ferreira, C. Tomori, K.W. Green, A. M. Sipler, and C.L. Bennett.2001. "The Role of Inadequate Health Literacy Skills in Colorectal Cancer Screening." *Cancer Investigation* 19, no.2: 193-200.

Folz, A., and J. Sullivan. 1996. "Reading Level, Learning Presentation Preference, and a Desire for Information among Cancer Patients."

Journal of Cancer Education 11: 32-38.

Graber, Mark A., Cathy M. Roller, and Betsy Kaeble. 1999. "Readability Levels of Patient Education Material on the World Wide Web." *The Journal of Family Practice* 48, no.1 (Jan.):58-61

Kefalides, Paul T. 1999. "Illiteracy: The Silent Barrier to Health Care." *Annals of Internal Medicine* 130, no.4, part 1(Feb.16):333-36.

Lindau, S.T., C.Timori, M.A.Mccarville, and C.L.Bennet. 2001. "Improving Rates of Cervical Cancer Screening and Pap Smear Follow-up for Low-Income Women with Limited Health Literacy." *Cancer Investigation* 19, no.3:316-23.

Mayeaux, E. J., Peggy W. Murphy, Connie Arnold, Terry C. Davis, Robert H. Jackson, and Tetine Sentell.1996. "Improving Patient Education for Patients with Low Literacy Skills." *American Family Physician* 55, no.1 (Jan.): 205-11.

Murphy, P.W. 1993. "Reading Ability of Parents Compared with Reading Level of Pediatric Patient Materials." *Pediatrics* 93: 460-68.

National Literacy Act of 1991. 1991. Public Law 102-73, 102nd Congress, 1st Session [H.R.751] 102 P.L. 73; Stat.333 1991. Date July 25.

Overland, J. E., P. L. Hoskins, and M. J. McGill, et al. 1993. "Low Literacy: A Problem in Diabetes Education." *Diabetes Medicine* 10: 847-50

Selden, Catherine R., Marcia Zorn, Scott Ratzan, and Ruth M. Parker, compilers. 2000. "Health Literacy" in "Current Bibliographics in Medicine, no. 2000-1. Bethesda, Md.: National Library of Medicine. Accessed Oct.6, 2001, www.nlm.nih.gov/pubs/cbm/hliteracy.html.

Stedman, L., and C. Kaestle. 1991. "Literacy and Reading Performance in the United State from 1880 to Present. "In C. Kaestle, ed., *Literacy in the United States: Readers and Readings since 1880*. New Haven, Conn.: Yale Univ. Pr.

U.S. Department of Education. 1993. National Center for Health Statistics. *Adult Literacy* in America. Washington, D.C.: Government Office of Printing.

Weiss, B. D., G. Hart, and R. Pust. 1991. "The Relationship between

Literacy and Health." *Journal of Health Care for the Poor and Underserved* 1, no.4 (spring): 351-63.

Williams, M. V., R. M. Parker, D.W. Baker, N. S. Parikh, K. Pitkin, W. C. Coates, and J.R. Nurss. 1995. "Inadequate Functional Health Literacy among Patients at Two Public Hospitals." *JAMA* 274, no.21 (Dec.6): 167-82.

付録　ラドノー郡区記念図書館：健康科学蔵書構築方針

(The Memorial Library of Radnor Township:
Collection Development Policy for Health Sciences Materials)

蔵書の範囲

　当図書館は，我々のサービス地域における利用者の消費者健康，レファレンス，および一般的な学習要求（学生の宿題を含んで）に答えるために最新の資料の蔵書を維持する。適切で入手可能なときに予算の範囲内で成人，成人の新しい読者，ヤングアダルト，高齢者および児童などの利用者に適したレベルで資料を収集する。図書館のサービス地域内のさまざまな文化や人種グループにふさわしい形で健康情報をもたらす特別な資料を真剣に捜し求める。

収集すべき資料の種類

　教科書は，それらがその主題の最良の情報源でない限り，通常蔵書に含めない。教科書は通常，成人向けのレファレンスブックとして配置し，最新版のみに限る。

　図書には，基本的な健康分野の話題および時宜を得た健康

分野の話題（ベストセラー・タイトルを含む）に関してのハードカバー，ペーパーバック，そして大型本を含める。書籍の複本の数は，利用者の関心，貸出，レファレンス質問，および図書館が受け取る利用者からのリクエストと予約などによって決定する。

パンフレットは，もはや図書館でバーチカルファイルの中に保存してはいない。けれども，図書館はこの図書館の利用者が興味があると判断した政府健康機関および主要な健康支援団体のような信頼できる情報源によって作成されたパンフレットを公開用の棚に配置する。レファレンス担当者はこのように配置すべきパンフレットをどれにするかを決定する。

参考資料には，健康分野のレファレンス質問にすばやく答えるために適切なものを収集する。レファレンス担当者はたびたび支援を求められる話題についての健康問題に関連した情報のフォルダをつくっている。これらのフォルダにはパンフレット，新聞や雑誌の切り抜き，特別なレポートを含んでいる。

雑誌には，一般市民向けの健康指向の出版と，継続的にヘルスケアおよびウェルネスの情報を含んでいる一般向けの出版物の両方を含んでいる。

オーディオおよびビデオ/DVD資料には，健康問題を扱うものを図書館の予算の範囲内で蔵書に含める。その中には，健康とウェルネスについてよく知られているハードカバー本のオーディオ版だけでなく，新しい読者や英語が第二言語である利用者が理解できる健康情報を表したオーディオおよびビデオ/DVD資料がある。職員は購入の決定を下すとき，これらの資料が利用されるかどうかを慎重に考える。

電子情報源は，図書館のインターネット端末で利用可能であり健康分野の情報源を含む。Delaware County Library Systemと同様に，当図書館のホームページにおいては，契約アクセスおよび一般アクセスによる健康分野の情報源へのリンクを強調している。図書館員によって信頼でき最新であるとみなされた，一般にアクセスできるサイトのみが載せられる。

蔵書のメンテナンス

　情報の最新性は健康分野の資料において特に重要であるので，理論，治療，薬物治療について記述されている資料は最新に保ち，出版年が3年以上古くならないように，蔵書を年に一度見直すべきであろう。

6章 インターネット
公共図書館における健康情報消費者および健康情報サービスへの影響

　インターネットは，消費者健康情報の場所を見つけたり，配信したりするために欠くことのできない手段になっている。公共図書館は，インターネットアクセスができない人々に無料でインターネットアクセスを提供することにより，デジタルデバイドの解消に重要な役割を果たしている。Pew Internet and American Life Project の研究（Rainie et al. 2001）によれば，所得が 75,000 ドルを超える世帯の 82％ が現在インターネットアクセスを所有しているが，それに比較して所得が 30,000 ドルに満たない世帯では 38％ である。18〜29 歳の年齢では 75％ がインターネットアクセスを所有しているが，65 歳以上では 15％ である。第 2 回アメリカの医療に関する整骨療法調査（Second Osteopathic Survey of Health Care in America）の結果では，「アメリカ人口の 2 分の 1 が健康情報資源として快適にインターネットを使用しているが，60 歳以上や教育年数が 12 年未満および地方に住む人々には，インターネット上で健康情報を得るのに依然として大きな壁がある」ことが示されている（Licciardone et al. 2001, 5-6）。インターネットは図書館利用者にも図書館員にもたくさんの機会と課題を与えている。莫大な量の情報は，サーチエンジンで検索することでかなり扱いやすくなった。しかし，それは価値のある情報だろうか。消費者は膨大な検索結果の海にのまれて自分を

見失い,彼らの求める答えを見つけるために情報を絞り込む方法や,情報を評価する際に用いる基準を知らない。

インターネット上で健康情報を探す利点と欠点は,以下のような消費者のコメントに集約されている(Reeves 2000, 55)。

> インターネットのとてもいいところは? たくさんの情報があること!
>
> インターネットのダメなところは? たくさんの情報がありすぎること! ありすぎて,苛立たしい。
>
> インターネット上には,HIV に関する情報源が信じられないほどあるけれど,どれが正確なのかわからない……。だからこそ,本当に信頼できるところから情報を得ることが大切になる。

本章では,消費者が探している健康情報を見つけるのを手助けし,一般の人々のためにインターネット情報源を体系化し,消費者にこの新しい情報の利用法を教え,そして,この新しい技術の重要な部分でもある,絶え間ない変化に対し常に注意を払っていくことについて,公共図書館が果たすべき必須の役割を考えていく。

Pew Internet and American Life Project (FOX et al. 2000) による研究では,以下のように報告されている。

> 5200万人のアメリカの成人(すなわちインターネットにアクセスしている成人の55%)が,健康,医学情報を得るためにウェブを使っている。我々は彼らを「健康探求者」と呼んでいるが,彼らの多くは少なくとも月に一度は健康情報にオンラインでアクセスしている。多くの健康探求者は,ウェブ上で見つける情報源は自分のヘルスケアに関しての意思決定や医師とのやりとりに直

接影響していると述べている。

Pew Internet and American Life Project によるその後の研究では，次のように報告されている。
- インターネットへのアクセスを有するアフリカ系アメリカ人の58％が，健康情報を探したことがある (Rainie et al. 2001)。
- ヒスパニック系の成人の半分は，インターネットにアクセスし，それら51％が健康情報を得るためにインターネットを使っている (Spooner et al. 2001a)。
- 50～64歳の年齢層の63％が，健康情報を見つけるためにインターネットを使ったことがある (Rainie et al. 2001)。
- 英語を話すアジア系アメリカ人のうちインターネットを利用している人々の47％が，健康情報をオンラインで探している。なお，彼らはまた，最も活発なインターネットユーザーであり，75％がインターネットへのアクセスを有している (Spooner et al. 2001b)。
- 高齢者は人口の13％だが，インターネットユーザーの4％しか占めていない。インターネットにアクセスしている高齢者のうち，53％が健康情報をオンラインで求め，彼らの30％はインターネットによって健康情報へのアクセスが改善されたと述べている (Fox et al. 2001)。

2001年の Harris Interactive の調査では，オンラインユーザーの84％が健康・医学情報を検索していることがわかった ("Three New Surveys" 2001)。そのような医療消費者は「オンライン自助者」と呼ばれ，また，健康情報へのインターネットの利用増加は健康情報を得るプロセスを変えるばかりでなく，健康に関心の強い消費者を中心にすえたヘルスケアシス

テムの基礎を築くものであるということが提議されてきた (Ferguson 1997a)。多くの医師が,彼らの患者の3分の1以上がインターネット上で見つけた健康情報に関して医師に質問し,彼らの症状について最適なウェブサイトを推薦するよう求め,医師のメールアドレスをたずねると報告している (Ferguson 2000)。患者の健康情報に関するインターネットの利用について懸念を示す医師がいる一方で,インターネットが不利益以上に利益をもたらすことを認める医師もいる (Potts and Wyatt 2002; Ulrich and Vaccaro 2002)。

公共図書館は,しばしば消費者がインターネット上の情報を探しに行く場所である。インターネット接続設備を備えた公共図書館の数は,1998年から2000年に73％から95％まで増大した (Bertot and McClure 2000)。利用者用コンピュータの数も増え,場所や規模に関係なくすべての公共図書館でインターネット接続がすぐに利用できるようになった。「すべてのアメリカ人(インターネット利用者と非インターネット利用者とを問わず)に,インターネットが利用できる地域の公共の場所を知っているかたずねたところ,51％が『はい』,32％が『いいえ』,17％が『わからない』と回答した。インターネットが公に利用できる場所を種類別に分類してもらったところ,アメリカ人全体の42％が公共図書館,2％が学校,1％がインターネットカフェ,1％がコピーやコンピュータ店と回答した。」(Horrigan 2001, 26-27) 社会的に意味あり続けるためには,図書館員はすべての利用者のニーズを理解し,応えていかなければならない。すべての利用者とは,健康情報に精通した利用者,コンピュータに疎い利用者,娯楽でインターネットサーフィンを快適にこなせても健康問題をどこ

から探し始めればよいのかわからない利用者などである。オンライン健康情報消費者についての議論は第2章で触れている。本章では，健康情報に関するインターネット情報源の識別，評価，構築に焦点を当てる。

6.1 インターネット情報源の種類

公共図書館員は一般的に，さまざまな種類のインターネットサイトに精通している。多くの著作物やウェブページには記述分類がある（参照例：Kovacs 2000; Cooke 1999; Alexander and Tate 1999）。以下の議論では，特に医学情報に関連したサイトの種類について考えていく。

(1) 検索専用データベース

ヘルスケアに関する検索専用データベースについて議論をするなら，米国国立医学図書館（National Library of Medicine: NLM）とMEDLINEデータベース（冊子版 *Index Medicus*）の話から始めなければならない。登録は不要である。MEDLINEは，ピアレビューを受けたヘルスケア情報の世界最大データベースである。2,000を超える文献データが毎日MEDLINEに加えられる。このデータベースは，4,600種を超える生物医学雑誌で発表された1100万を超える文献データを含んでいる。このデータベースは，もともとヘルスケア専門家による高度に専門化された医学の主題検索を目的として設計された。MEDLINEに索引された論文の大多数は，技術的，専門的な医学雑誌からである。近年，米国国立医学図書館は健康消費者も含めようと，その焦点を広げた。少数だ

が消費者健康出版物が 1998 年から MEDLINE に索引されるようになった。米国国立医学図書館によれば，現在 MEDLINE 検索のおよそ 3 分の 1 が消費者によって行われている。

PubMed はウェブベースの検索システムである。利用者は，米国国立医学図書館の MEDLINE データベースを含む大きな集合に無料でアクセスできる。このスーパーセットは，MEDLINE の文献データ，MEDLINE へ処理中の文献や MEDLINE には採録されない雑誌から選択的に索引した論文を含んでいる。PubMed (www.ncbi.nlm.nih.gov/entrez/query.fcgi) は，かなりの量のフルテキスト雑誌論文や他の関連情報源へのリンクを提供している。PubMed の概要は，www.ncbi.nlm.nih.gov/entrez/query/static/overview.html で得られる。チュートリアルは，PubMed のサイドバー，あるいは直接 www.nlm.nih.gov/bsd/pubmed_tutorial/m1001.html にアクセスすれば利用できる。さらに，NLM Technical Bulletin 誌の記事「あなたのデスクトップで：PubMed の対話型チュートリアル」が，www.nlm.nih.gov/pubs/techbull/ma01/ma01_tutorial.html で得られる。

PubMed は **NLM Gateway** (http://gateway.nlm.nih.gov/) の一部である。NLM Gateway は，消費者同様に医療専門家のために多くの健康情報を提供している。ファクトシートが，http://www.nlm.nih.gov/pubs/factsheets/gateway.html で得られる。NLM Gateway を含むトレーニングマニュアルが，www.nlm.nih.gov/pubs/web_based.html でダウンロードすることができる。

MedlinePlus (www.medlineplus.gov) は，消費者のためのフルテキスト情報を強調した消費者指向の機能を Gateway に付加したものである。この優れた広範囲な健康医学情報ゲ

ートウェイは,医学百科事典や辞書,医師・病院・機関に関する情報というような特徴を含んでいる。自助グループへのリンク,米国立衛生研究所(National Institutes of Health: NIH)の消費者健康情報,クリアリングハウス,辞書やディレクトリ,地元住民を対象にサービスを提供する消費者健康図書館,毎日の新聞記事,ニュース出版物,健康に関連する機関,そして臨床試験などへのアクセスがある。これは,すべての健康ウェブ情報源を完全に網羅したリストではなく,むしろ典拠の確かな健康情報源の選択的リストである。このサイトはフルテキスト情報源への組織化されたアクセスを提供している。また,健康トピック別に予め用意されたMEDLINE検索結果も利用できる。この情報源は非常に好評を博し,さらに米国国立医学図書館は,インターネット上の消費者健康情報源を提供する取り組みの中で,重複を減らす方法を模索すると同時に,健康トピックのリストを拡大することを計画している (Miller et al. 2000)。MedlinePlusチュートリアルは現在ベータ版試験中である。Lyon (2001) と Miller ら (2001) が,一般市民に健康情報を提供する米国国立医学図書館の取り組みの概要を説明している。

Cochrane Database of Systematic Reviews は国際コクラン共同計画 (International Cochrane Collaboration) によって製作され,1995年から一般的に利用できるようになり,増大する文献レビューのリストをつくり出している。「現在およそ1,235に達するこれらの文献レビューは,健康関連のトピックに関する注意深く選択された論文を高度に構造化した要約である。ランダム化比較試験は,このデータベースの主要な強調点となっている」と White は報告している (2002, 219)。各

レビューは，研究の目的，主要な結果と結論を，ユーザーに提供している。すべてのレビューは日付を付けられている。完全なフルテキスト版は，予約購読によって入手するか，Cinahl Information Systems から個々に購入すれば入手できるが，抄録（主要な結果および結論を含む）は，http://www3.interscience.wiley.com/cgi-bin/mrwhome/106568753/HOME で無料入手できる。このデータベースは，最近，特に消費者のレベルで書かれたレビュー概要の収録を始めた。これらは www.cochraneconsumer.com で利用できる。

　リースもしくは定期利用契約に基づき，パスワードによって利用できる，フルテキストデータベースつきの公共図書館向け検索エンジンというものもいくつかある。Gale Group's InfoTrac and Health Reference Center, Health and Wellness Resource Center, EBSCOhost's Health Source Plus, Clinical Reference Systems, the online USP DI Volume II, Advice for Patients および Alt-Health Watch といったこれらの検索エンジンのほとんどは，健康出版物の書誌情報とフルテキストを提供している。それらは通常，素人向けの健康記事がしばしば掲載される新聞や大衆雑誌のデータベースを備えた予約購読パッケージで提供されている。コンソーシアムへの会員か州全体のネットワークへ参加すれば，小規模公共図書館でもこれらの情報源を入手することができる。Health and Wellness Resource Center (Gale), Health Source (EBSCO) および MDX Health Digest (Medical Data Exchange) の比較が，*Library Journal* 誌の付録「Net Connect」(summer 2001, 44-50) で得られる。

(2) ゲートウェイとメタサイト

ゲートウェイおよびメタサイトは，他のサイトへの選択的なリンク集である。それにはたいてい索引か検索エンジンがついている。大部分は図書館員あるいは主題専門家によって編集されたもので，質の高い情報の提供を目指している。これらはリンクを収集し始めるのによい場所である。NLM Gateway については前述している。ヘルスケアに強い焦点を当て，注目に値する他のゲートウェイサイトには，次のようなものがある。

- NOAH (www.noah-health.org) New York Online Access to Health

    ニューヨーク医学アカデミー (New York Academy of Medicine) とニューヨーク公共図書館 (New York Public Library) が提供している。広範囲の情報へのリンク集を提供し，スペイン語と英語の並列サイトとなっている。

- Healthfinder (www.healthfinder.gov)

    米国保健社会福祉省 (U.S. Department of Health and Human Services: DHHS) のサービスである。スペイン語の情報および子ども向けのサイトがある。リンク集や検索エンジンによって，ニュース，オンラインジャーナル，医学辞典，データベースおよび最新の話題の一覧に，ユーザーはアクセスすることができる。このサイトの選択方針が明確に述べられている。Healthfinder は政府情報——印刷版パンフレットでも利用できる種類の情報——を専門に取り扱う。また，健康保険の選択，不正行為の取り扱い，オンライン健康情報の評価といったような問題に対するよい情報源である。

- The Internet Public Library's Health and Medical Sciences

reference collection (http://www.ipl.org/div/subject/browse/hea00.00.00/)

インターネット公共図書館の健康・医学レファレンスコレクションは，この分野の広範囲なリンクを提供している。サイト内の他の部分には，関連する機関・協会へのリンク集がある。

● The Librarians' Index to the Internet (http://lii.org/)

公共図書館向けに図書館員が選んだインターネットサイトを，検索できるかたちで索引化したものである。健康・医学 (Health and Medicine) のページを開いて，多くの有用なサイトへ注釈つきリンク集をよく調べなさい。

● Hardin MD from the University of Iowa (www.lib.uiowa.edu/hardin/md)

アイオワ大学 (University of Iowa) の Hardin MD は，「メタディレクトリ」，あるいは「リストのリスト」である。このサイトは「健康に関連する主題の広範囲な情報源一覧への簡単なアクセス」の提供を目的として明示している。リストは大，中，小に分類されている。Hardin MD Clean Bill of Health Award が，93％以上の接続利用率を持つサイトに与えられる。無料の医学電子ジャーナルをもリストしている。

● HealthWeb (healthweb.org)

全米医学図書館ネットワーク (National Network of Libraries of Medicine: NN/LM) の大中西部地域の支援のもと，20を超える図書館の共同プロジェクトである。参加している学術機関の図書館員が，医学情報を提供しているウェブサイトを体系化し，評価している。このサイトは簡潔な注釈つ

きリストとなっている。

　これらのサイトは，現在利用可能な多くの有用なゲートウェイおよび仮想図書館のほんの一握りである。しかし，これらは図書館員や消費者を他のサイトへと導いている。一般的なトピックの主題別一覧がある Yahoo! や Google のような有名な，よく使う検索エンジンについても言及しなければならない。Yahoo!（http://dir.yahoo.com/health）には「病気と症状」（diseases and conditions），「公衆衛生と安全」（public health and safety）のようなサブグループがある。Google Web Directory（http://directory.google.com）には，簡潔な注釈つきサイト一覧を提供している健康カテゴリーがある。Google は，American Medical News の記事（Chin 2000）で最良の検索エンジンと評価された。

(3) ヘルスケア機関と支援グループによって後援されたサイト

　おもなヘルスケア関連団体，機関および支援グループは独自のウェブサイトを持っている。このカテゴリー中で疾患に特定しているいくつかのサイトを例にあげる。

- 米国心臓協会（American Heart Association）
  （www.americanheart.org）
  脳梗塞を含む心臓血管疾患のすべての範囲に及ぶ。
- 関節炎財団（Arthritis Foundation）（www.arthritis.org）および米国立関節炎研究財団（Arthritis National Research Foundation）（www.curearthritis.org）
- 米国がん協会（American Cancer Society）（www.cancer.org）
- アルツハイマー病協会（Alzheimer's Association）

（www.alz.org）
●米国糖尿病協会（American Diabetes Association）
（www.diabetes.org）
●全米退職者協会（American Association of Retired Persons）
（www.aarp.org/healthguide）

ヘルスケアの職能団体は，消費者に役立つサイトも構築した。例えば次のようなものがある。
●米国病院協会（American Hospital Association）（www.aha.org）
●病院認定合同委員会（Joint Commission on Accreditation of Healthcare Organizations）（www.jcaho.org）
●インターネット健康協会
（Health on the Internet Foundation: HON）
通常 HON として知られる（www.hon.ch），スイスの非営利団体。HON は，医学用語のための HonSelect や，キーワードが利用できる MedHunt の 2 つの検索エンジンとともに，厳選されたヘルスケアの雑誌記事，文書や報告書のリンク集を提供している。サイトは，英語，ドイツ語およびフランス語の資料へのアクセスを提供している。
● MEDEM（www.medem.com）
米国眼科学会（American Academy of Ophthalmology），米国小児科学会（American Academy of Pediatrics），米国アレルギー・喘息・免疫学会（American College of Allergy, Asthma, and Immunology），米国産科婦人科学会（American College of Obstetricians and Gynecologists），米国医師会（American Medical Association），米国精神医学会（American Psychiatric Association），米国形成外科学会（American Society of Plastic

Surgeons）などを含む全国的な医学会のジョイントベンチャーである。

主要な医学研究センターのサイトもまた有用である。古くからあるサイトのひとつであるペンシルバニア大学がんセンター（University of Pennsylvania Cancer Center）の Oncolink（cancer.med.upenn.edu）では，疾患情報，支援グループへのリンク集および臨床試験に関する情報を提供している。このサイトは，治療を終えたがん生存者のためのページもつくっている。米国立がん研究所（National Cancer Institute）の Cancernet（cancernet.nci.nih.gov）は，がんの診断，治療および研究に関する情報に関する統合サイトである。Physician Data Query（PDQ）は，医者ががんの診断をしたり，患者ががんの治療を受ける際に助言となるもので，現在このサイト（Cancernet）から直接アクセスすることができる。スーザン・G. コメン乳がん財団（Susan G. Komen Breast Cancer Foundation）には，危険要因，発見および治療に関する情報へのリンク集を特色とするページ（www.komen.org）がある。これらは，図書館の利用者にとって有用かもしれないサイトのうちのほんの少数の例にすぎない。

(4) 従来の印刷体レファレンス情報源に対応する電子情報源

このようなサイトには，ディレクトリ，辞書，索引，逐次刊行物，書誌，ニュース出版物，および報告書や研究論文などのような一次文献といったものがある。米国政府は，政府機関やそれらが助成した研究によって生産された電子ヘルスケア情報の主要な発行元である。各種の政府報告書，小冊子

や研究論文は，インターネット上でますます公表されるようになってきている。こうした電子出版物が印刷資料に取って代わりつつあるため，図書館は印刷資料に関して目録をつくっていたように，ウェブ出版物へのカタログリンクを提供していくことを考えなければならなくなっている。有益なインターネット版の政府刊行物の例として，EBSCOhost の一部として前述した，*USPDI Advice for Patients*（患者への助言）がある。それは，MedlinePlus サイトの Drug Information のリンクでも，購読契約なしに無料で利用することができる。また，無料で利用することができるもうひとつの情報源として，複数巻からなる医学文献索引誌 *Index Medicus* を，PubMed を通して見ることができる。米国専門医認定機関ディレクトリ（American Board of Medical Specialty Directory）は，認定された専門医の一覧を作成しているが，現在，サイト（www.abms.org）で一部の情報を無料で提供している。利用者は自分の主治医が認定されているかどうか確認することができ，さらにその認定が何を必要条件としているかについての説明を見出すことができる。

(5) ディスカッショングループと新しい種類のヘルスケア情報

オンライン支援グループや通信ネットワークでは，特定の病状あるいは問題に焦点を当てている。団体はほとんどどんな健康上の関心についても存在する。これらは，消費者あるいは介護者が，慢性疾患やまれな疾患，または重篤な疾患の対処に支援と情報を求めるとき，特に有用な情報源となる。ディスカッショングループは，バーチャルの支援グループをつくり出している。それがなければ健康問題に直面したとき

に疎外感や孤独感を感じてしまうかもしれない人々に，ひとつのコミュニティ感を与えている。ディスカッショングループを識別するためにはまず，www.mentalhelp.net/selfhelp でオンライン利用ができる Self-Help Sourcebook（アメリカンセルフヘルプクリアリングハウス（American Self-Help Clearinghouse）），Topica（www.topica.com/）や，Yahoo! Groups（http://groups.yahoo.com/）などを出発点とするとよい。The Emory MedWeb Directory は，www.medweb.emory.edu/MedWeb/ で討論フォーラムの A-Z リストを提供している。自助グループ（オンラインでも地域でも）の中で交換された情報の価値には，大きく差がありうるということを注意しておくことが大切である。図書館員はこの点について利用者に指摘しなければならないが，利用者とこの価値のある情報源を共有することを避けてはならないのである。Ferguson（1997b）は，彼の経験では，ほとんどの掲示板あるいはチャットルーム上で信用できない情報が問題にならずに通過していくということはなく，また，不正確な情報は，こうした議論を監視している医師や医療専門家によってただちに訂正されていると報告している。

インターネット情報源はさらに，次のような新しい種類のヘルスケア情報へのアクセスを多く提供している。

- サイバードクターあるいは e- ドクターが，仮想オフィスから情報や助言を提供する。例えば，www.drgreene.com，www.diabeteswell.com，www.doctorgeorge.com といったものがある。
- 特定疾患のセルフケアガイドライン。米国家庭医学会（American Academy of Family Physicians）で入手できるようなもの（www.familydoctor.org から「Selfcare」をクリッ

クする)。
- バーチャル薬局（www.drugstore.com を見よ）
- 各個人に応じた健康情報。例えば，www.wellmed.com といったサイトは，個人の健康の特徴を割り出すために，健康情報を収集し，分析している。
- 自助努力により病気を克服した人々からの助言。例えば，www.lungcanceronline.org といった，図書館員で肺がん生存者の Karen Parles によって作成されたものがある。
- オンラインチャットルームや掲示板（例えば，www.acor.org。オンラインがん情報協会（Association of Cancer Online Resources: ACOR）が，99 を超える各種のがんのメーリングリストを提供している）。
- 医師―患者間電子メールシステム。オンライン上の消費者の約90%は，オンラインで主治医と通信したがっており，また3分の1以上（37%）は，こうしたサービスを料金を支払ってまで受けたがっている(Taylor and Leitman 2002)。「医師と患者間の電子メールは，ヘルスケアへのアクセスを改善し，医師が患者に働きかけ，患者の自己管理への関与を高める手段として，かなり有望である」と Mandl らが報告している（1998, 497）。ケアグループヘルスケアシステム（CareGroup HealthCare System）の PatientSite は，https://www.patientsite.org/ のウェブを通して，医師と情報伝達する機会を患者に提供する。Kaiser Permanente もまた，患者―医師間のコミュニケーションのためのウェブサイトを www.kponline.org で提供している。多くの保険業者や医師団体雇用者は，医師―患者間オンライン情報伝達を容易にするために，新しいオンラインコミュニケーションシステムを試験してい

る (Hoffman 2001)。米国医師会は，患者と電子的に情報伝達する医師を支援するためのガイドラインを発表した (www.ama-assn.org/ama/pub/category/2386.html)。Electronic Patient Centered Communication Research Center は www.e-pcc.org で，患者を中心としたコミュニケーションを知るのに優れたサイトである。

●素人が，病院，医師，医学的治療の見解や評価を共有できると同様に，オンライン健康情報源を見出し，評価することができるオンラインサービス (例：www.gomez.com, www.thehealthpages.com, www.healthgrades.com)。

利用者に対して信頼できる情報コンサルタントの役割を果たすために，健康情報を提供する図書館員は，こうした地域健康情報学の動向に常に精通していることが必要である。動向を追うには，*Medicine on the Net* のようなニュースレターや雑誌あるいは，*Washington Post* や *The New York Times* のような新聞の電子版で毎日の健康欄を読むことや，Ferguson Report (www.fergusonreport.com), Pew Internet and American Life Project (www.pewinternet.org) や Cyberchondriac's Update (www.harrisinteractive.com) のようなインターネット上のヘルスケアの動向について論じるウェブサイトを定期的に訪れるといったことが，動向を追跡するための有効な方法である。

(6) 医学ニュースと時事サイト

医学の進歩は目覚ましい速さで変化している。インターネットは，医薬品の承認，治療での重要な飛躍的進歩，新しく公表された研究結果，政府の健康政策に関係する問題，旅先

での健康への警告やその他の公衆衛生問題について逐次情報を得るには優れた情報源である。主要な新聞や通信社は，彼らのインターネットサイト上に健康部門を設けている：

● CNN Health（www.cnn.com/HEALTH）では，関連する話題やサイトへリンクして見出しがついている。

● Reuters Health（www.reutershealth.com）は，専門家，産業界や消費者に健康ニュースを提供している。Health e-Line は消費者向けであり，ヘッドラインニュースや関連した消費者の話題が特徴となっている。

● MSNBC's Health Front Page（www.msnbc.com/news/HEALTH_Front.asp?ta=y）は，MSNBCニュース放送からのニュースと定期的な特集の両方を特色としている。

● New York Times はウェブ（www.nytimes.com/pages/health）上で，健康（および科学）の報道範囲を拡張してきた。主な健康ページは，タイムズ，ロイターおよびAP通信社からのニュースを収載している。図書館あるいは利用者はこのサイトへアクセスするために登録しなければならない。しかし無料である。

● Washington Post もまた，健康情報に関するよいニュースサイトを提供している（washingtonpost.com/wp-dyn/health）。

(7) 専門分野別健康問題のための情報源

インターネットによって，問題行動の医療，身体障害や代替治療のような特定分野の健康トピックに関する情報を，より簡単に探すことができるようになった。問題行動の医療は大きな話題であり，ほんの一握りの例だけでも，不安症，うつ病，摂食障害，薬物およびアルコール依存，睡眠障害とい

ったようなものがある。Mental Health Net（www.mentalhelp.net）は，オンラインフォーラムやチャットグループを含む，情報源や団体への広範囲なゲートウェイである。インターネットは，問題行動の医療情報を提供するのに適している。なぜなら，恥ずかしさや困惑によって，人々は支援を求められないことがしばしばあるからである（"Overcoming the Barriers" 1999）。Harris Interactive（2000）によると，一般市民の3分の1（34％）は，メンタルヘルス情報を探すためにインターネットを利用している。愛する人の病気の特性を理解しようとする介護者も情報を探すことができる。

　身体障害やリハビリテーションは，印刷体の情報源では情報を見つけるのが難しい別の専門分野である。障害を持った人々は，通常，生活の質を改善すると同様に（複合的な診断で構成されるかもしれない）医学的症状を管理するために，健康情報を継続的に必要としている。彼らはしばしば，生活空間への適応性のある設計や日常生活のための補装具を必要とする，といった動きやすさに関する問題を抱えている。身体障害情報のためのポータルとしては，「インターネット上の障害者情報源」（Disability Resources on the Internet）（www.disabilityresources.org）がある。Yahoo! もまた，「生活と文化」の「障害者」のページ（dir.yahoo.com/Society_and_Culture/Disabilities）でその主題に及んでいる。米国司法省（Department of Justice: DOJ）は，米国障害者法（Americans with Disabilities Act: ADA）（www.usdoj.gov/crt/ada/adahom1.htm）に関する情報のサイトを維持している。MossRehab Hospital's Resourcenet（www.mossresourcenet.org）といったリハビリと身体障害のサイトには，しばしば，種々さまざまな身体障害情報がある。

Mossのサイトには利用しやすい旅行リンクがたくさんある。バーモント大学（University of Vermont）は，聴覚障害者向け情報源のリンク集のサイトを維持している。

代替医療や補完医学は，関心が高まっている分野である。消費者はインターネットを使うことによって，より簡単に代替療法を調べることができるようになったと感じている。従来の医学もまた，代替療法の重要性を認識し始めている。米国立衛生研究所の国立補完代替医療センター（National Center for Complementary and Alternative Medicine: NCCAM）(nccam.nih.gov)は，情報に着手するためによいところである。国立補完代替医療センターは，最近，米国国立医学図書館と提携し，PubMedの一部として補完代替療法（CAM）サブセットを開始した。このCAMサブセットには現在，22万件を超えるCAM研究関連雑誌論文のレコードが含まれている。PubMedのCAMは，国立補完代替医療センターウェブサイトから，あるいは直接PubMedで見つけることができる。国立補完代替医療センターサイトから検索すると，自動的にCAMに関連する文献に限定される。ファクトシートが，nccam.nih.gov/health/stjohnswort/で提供されている。

Yahoo! Healthもまた，ディレクトリ（dir.yahoo.com/Health/Alternative_Medicine）上で，多くの代替医療と補完医療のサイトを一覧している。Alt-Health Watchデータベースは，EBSCOhostや定期購読（www.slinfo.comで出版者のサイトを参照せよ）により利用でき，代替健康トピックに関するフルテキスト資料を収集したものである。Hall (1999) は，これが他の医学データベースには含まれないユニークな論文の情報源であることを見出した。

6.2 インターネット情報源の評価

インターネットは，豊富な信頼できる，最新の，包括的な健康情報への広範囲なアクセスを提供している。インターネットは便利で，昼夜を問わず情報へのアクセスを提供し，消費者に，同じような健康問題に直面している他の人々と情報交換する場を提供している。インターネット健康情報源を評価することは，もみがらから小麦をより分けるようなものである。過去5年の研究では，インターネット情報源の正確さには非常に大きな差があることが確認されている（Burling 2000; Crocco et al. 2002; Davison 1997; Detwiler 2001; Griffiths and Christensen 2000; Latthe 2000; McClung et al. 1998; McKinley et al. 1999; Miles et al. 2000）。Kiley と Graham（2002, 142）は，健康消費者がインターネット上で注意する必要がある医学的に誤っている情報について，以下のようにいくつかの分類を特定している。

- 万能治療薬：病気や症状の予防，治療の妙薬
- 生活習慣悪徳商法：体重を減らすことや，禁煙などを助けるというまゆつばものの療法
- 逸話による根拠：事実として紹介された個人の体験談
- 偏った情報：ひとつの見解だけの提供
- 危険な装置：生命に恐るべき危険を引き起こしうる医療機器

アクセスのしやすさ，質，英語およびスペイン語で読むことができるかなどを評価した最近の研究では，利用者が完全で正確な情報を見つけることは難しく，検索エンジンや簡単

な検索語の使い方が十分ではないことがわかった (Berland et al. 2001)。Harris Interactive (2000) による調査では，ウェブサイトを評価する際，一般市民は情報開示にこだわらないことがわかった。そればかりか，彼らは商業的支援を受けて発表された情報と，自主的に公表された情報の区別ができていないのである。「一般市民の明らかな区別の欠如は，質がどのように保証されるかを評価し理解する自分自身の能力に自信がないからかもしれない」(Harris Interactive 2000, 4)。

利用者は，健康情報を探すために検索エンジンの使い方を学ばなければならない。検索エンジンには，科学的な研究と実証されていない療法の証拠を同等に扱い，質的なランキングをまったく提供しないものもある。またサイトをランキングする場合，経済的対価による影響を受けている検索エンジンもある。「医学専門の検索エンジンは，より質の高い検索結果を提供している一方で，提供する文献の数に限りがあることがしばしばあり，これらは毎日あるいは毎週の頻度で，ウェブに網を張りめぐらす検索エンジンのように頻繁には更新されていないかもしれない」と Stevens は報告している (2001, 4)。検索専門家の中には，まず特定のサイトへ行くこと，あるいは，複数の検索エンジンを探すことを推奨するものもいる (Chin 2000; Stevens 2001)。検索エンジンが検索結果を表示する際にその順序をどのように決定しているか，また，検索エンジンにどんな制限あるいは傾向があるのか知ることは，質の高い健康情報を探す上で役立つだろう。異なる種類の検索エンジンとそれらの効果的利用方法を理解し，利用者に伝えることは重要なことである。検索エンジンについて知るためのよい情報源として，Search Engine Watch (www.searchengi

newatch.com) がある。Wu と Li (1999) は，健康情報を検索する際のウェブ検索エンジンの性能比較を提供している。

Megasite Project (www.lib.umich.edu/megasite) は，3つの大学チームによって開発されたもので，ヘルスケアのメタサイトや検索エンジンを審査し，「ベスト中のベスト」を選び出す。設計について，このチームが選んだのは，HealthAtoZ (www.healthatoz.com)，Healthfinder (www.healthfinder.gov) およびYahoo! (www.yahoo.com) である。コンテンツについては，Healthfinder, Medical Matrix (www.medmatrix.org/index.asp) およびOMNI (omni.ac.uk) が選ばれた。これらのサイトは時間とともに変化し，新しいサイトが挑むように現れるが，それらを評価するために使われる基準が，評価にかかわる図書館員への有用なガイドとなりうるのである（表1を参照）。

表1　メガサイト基準のためのチェックリスト

設計に関する基準	
サイトマップ・目次	これがサイトにあるか？
テキストのみのオプション機能	より動作の遅いブラウザあるいは視覚障害者のために利用可能か？
インデックス・分類	利用者が適切な情報を得るために，どんな種類のアクセス・ポイントが使われているか？
スクリーンサイズ	サイトへの入口は，全長どのくらいのスクリーンなのか？最短のページは？最長のページは？
テーブル(表)の使用	テーブルが使用されているか？（Y/N）テキストは，テキストブラウザでも円滑にアクセスできるようにテーブル内に適切に書式設定

	されているか？
フレームの使用	フレームが使用されているか？（Y/N）
Java の使用	Java アプレットが使用されているか？ Javascript を作動させる必要があるか？（Y/N）
Cookie の使用	クッキーが使用されているか？（Y/N）クッキー機能がブラウザ上でオフにされている場合，最初の画面でどれだけ多くのクッキーが送られるか？次の画面ではどれだけか？クッキーなしでサイトにアクセスする方法はあるか？クッキーが拒絶される場合，どう動作するか？
GIF アニメの使用	GIF アニメが使用されているか？（Y/N）
ナビゲーションヘルプ	「ヘルプ」画面は利用できるか？
ナビゲーションツール	「ホームページに戻る」「セクションの頭に戻る」「前ページ」「次ページ」といったような，サイトを移動する際の支援リンクがあるか？
注釈付きリンク	インデックスあるいは方向付けのあるリンクには注釈あるいは説明があるか。主題・コンテントリンクには注釈がついているか？
検索エンジン	検索エンジンはあるか？入力された検索に基づいた有用または正確な結果を返すか？ （1〜5のランク付けで，1が高い。）
検索機能	検索エンジンは，ブール演算子の使用を認めているか？ワイルドカードやトランケーションはあるか？シソーラスは使われているか（これは，この調査では大まかに解釈されている）？階層的主題の一覧が使用されているか？拾い読みすることができるインデックスがあるか？その他の機能はあるか？
検索支援	最も効果的な利用方法について説明した検索エンジン用のヘルプ画面があるか？

FTP/BBS/Chat/List	特別な機能は利用できるか？
外部設計基準	外部設計および／またはコンテンツ基準への支持を定義しているか？これはHONcodeと同様に（"Bobby"のような）ウェブ・アクセシビリティ基準も含むだろうと，Best of the Bestページ（http://www-personal.umich.edu/~pfa/megasite/best.html）で論じられている。
気の利いた裏技	この基準で他に説明されないユニークまたは特別な機能。
コンテンツに関する基準	
対象者	サイトの範囲。(1)対象者は識別されているか？ (2)対象者は何か？
目的の説明文	あるか？（Y/N）
選択基準	選択方針の使用が提示されているか。実際の方針が入手できるか？
誰が選択するか	これは選択過程の権威を確定することを支援するために使われた。つまり，おもな選択者は主題領域に経歴のある者か，医学経験者か，図書館員か，など。
更新の頻度	言葉通り。
免責条項	法的な免責条項はサイト上で見られるか？（Y/N）
著作権宣言文	示されているか？（Y/N）
発行者	記載されているか？（Y/N）
広告	広告はあるか？
コンテンツとは異なる広告	広告とコンテンツの関係は何か？概念的に関連づけられるか？サイト上のコンテンツとは分割して広告しているか（例えば，「私たちの支援者を訪れてください」）？あるいは，

	各ページに統合されているか？
運営管理と品質管理に関する基準	
コンテンツアクセスエラー	サイト内コンテンツへの内部リンクは，意図されたようにすべて機能しているか？
行き止まり	提供するリンクがないページが，サイト内の他のページへ移動することはサイト内で可能か？
途切れたリンク／チェックされたリンク	途切れているリンクがサイト上にあるか？どれくらいの頻度で。
スペル，文法的な間違い	頻繁にあるか，ときどきか，まれか？
問合せ先情報	問合せ先情報を入手できるか？入手できない場合，サイト作成者に返答するための手段がなにか提供されているか？問合せ先は医療従事者か，図書館員か，技術者か事務員か？
だれがサイトを維持するか	上記に同じか？
品質管理	どのように扱われているか？このための専任を負っている指名された者がいるか？
応答時間	電子メールによる質問あるいは提出書類に対する応答時間：(1) サイトによって要求された理想的応答時間；(2) 私たちの質問への実際の応答時間。

出典：The Megasite Project, www.lib.umich.edu/megasite。複製許可済み。

　図書館員は，インターネットリンクを含む利用者用補助ツールを開発するときや，特定の健康レファレンス質問に答えるための適切なサイトを利用者が見つけられるように支援す

る際に，絶えず増え続ける健康サイトを図書館蔵書として見合う価値があるかどうか判断するために，識別し評価しなければならない。図書館員は健康情報ウェブサイトの評価について豊富な知識を持ち，利用者とこの知識を共有する準備をするべきである。

増え続ける数々のサイトの論評が，*Public Libraries*, *Library Journal* といった専門図書館雑誌や，*Journal of the American Medical Association*, *BMJ*（旧誌名 the *British Medical Journal*）および *New England Journal of Medicine* といった主要な医学雑誌や，また一般向け雑誌や新聞にさえ掲載されている。2002年 *BMJ* の特集号では，オンライン健康探求者によるインターネットの利用およびインターネット上で入手できる健康情報の質を考察している（BMJ 2002）。

Info to Go and Medicine on the Net のような，インターネットを特に扱っている出版物もまた，健康ウェブサイトに関する最新情報をざっと調べることができる。より専門的な雑誌中のインターネットサイトのレビューは，Infotrac, EBSCO Masterfile, MedlinePlus, CINAHL および Library Literature といったオンラインデータベース上で検索することができる。また図書館員は，専門的な図書館員や教育者による議論や提案の場である CAPHIS, Medlib-L および Libref-L といった図書館のオンラインメーリングリストに参加することもできる。

Collins（1996, 122）が，「図書館員は，図書館のお金が最良の資料に費やされることを確保するために，印刷資料の綿密な評価体制を構築してきた。同様の体制がインターネットのためにも必要とされている」と指摘している。評価に関する

文献が膨大になってきた。図書館員はこうした取り組みの最前線にいた。Hardin MD metasite, Internet Public Library, Librarian's Index to the Internet といった図書館員により開発された多くのゲートウェイの存立がその証拠である。評価に関するいくつかの最近の文献レビューには, Collins (1996), Kovacs (2000), Cooke (1999), Kim (1999), Jadad と Gagliardi (1998), Silberg et al. (1997) や Alexander (1999) がある。

いくつかの組織では, 特にインターネット上のヘルスケア情報の倫理に重点を置いている。ひとつはインターネット健康協会 (www.hon.ch) で, 対話型アンケートである HONcode Site-Checker は, 作成された倫理規定に沿ってウェブサイトを評価するだろう。インターネットヘルスケア連合 (Internet Healthcare Coalition: IHC) のサイト (http://www.ihealthcoalition.org/ethics/ethics.html) 上には規約の草案がある。米国医療適正審査認定委員会 (Utilization Review Accreditation Commission: URAC) は, 米国認定医療委員会 (American Accreditation Health Care Commission) (http://urac.org) としても知られているが, 健康ウェブサイトに認可を与える非営利団体である。そのプログラムは,「高い倫理:消費者へのインターネットサービス提供の倫理の原則」という, プライバシー, 広告, 情報の質, 公平な取り扱いおよび職業上の行為についての領域の14原則を活用している。

また, ヘルスサミットワーキンググループ (Health Summit Working Group) の報告書 (1998) や, Smart Choice (賢い選択) と名づけられた Healthfinder のサイト上の評価に関連した情報源も参照しなさい。DISCERN Online (www.discern.org.uk) は, オックスフォード大学 (Oxford University) に本拠地を

置く英国の国民保健サービス（National Health Service: NHS）のプロジェクトで，消費者健康情報の評価とともに，消費者および専門家を支援するための一連の質的基準を発表している。ミシガン電子図書館（Michigan Electronic Library: MEL）のサイトは，健康情報ウェブサイトの評価に関するフルテキスト論文および手引きを提供している。

不正な活動を追跡しているサイトもある。政府のサイトwww.consumer.govは，インターネット上のものも含んだ詐欺を識別するための連邦取引委員会（Federal Trade Commission: FTC）や保健社会福祉省といった他の政府系機関による対策を掲載している。米連邦取引委員会は，ヘルスケア製品でよく見られるインターネット上の詐欺的で不当な見せかけの広告を起訴している。米連邦取引委員会は，健康上の利益に関する宣伝には高度な実証および科学的研究が必要であると要求している。Stephen Barrett博士のサイトQuackWatch（www.quackwatch.com）は，英語，ドイツ語，フランス語，スペイン語およびポルトガル語で医学的な不正行為に関する情報を提供している。また，ここでニュースレター*Consumer Health Digest*の無料電子購読を提供している。健康詐欺と闘う国民会議（National Council Against Health Fraud: NCAHF）は，民間非営利機関であるが，病気の予防，緩和，治療を宣伝する製品とサービスの商品ラベルとマーケティングにおける完全情報開示を保証する目的の一環として，www.ncahf.orgのサイトを維持している。

コンテンツの審査に加えて，インターネット情報源を選択することに関与する職員は，優れたサイト設計の主要な原則に精通していなければならない（例えば次を参照　Lynch and

> **情報を評価するために有用なサイト**
> **CMAnet Healthcare Links**
>
> "How to Evaluate Medical Information Found on the Internet"
> http://new.cmanet.org/publicdoc.cfm/60/0/GENER/99
>
> National Network of Libraries of Medicine, Pacific Northwest Region
> "Is This Health Information Good for Me?"
> www.nnlm.gov/pnr/hip/criteria.html
>
> National Cancer Institute
> "10 Things to Know about Evaluating Medical Resources on the Web"
> www.cancer.gov

Horton 1999; Nielsen 2000)。エール大学（Yale University）のスタイルマニュアルが www.info.med.yale.edu/caim/manual でオンライン利用ができる。ヘルスケアサイトに対するその他の重要な検討事項は次のとおりである。

- サイトは，図書館のハードウェアやソフトウェアと互換性があるか？　速く，確実にそれの読み込みをするか。
- サイトは，図書館が維持・管理するためになんらかの問題をふりかけているか。その情報源に関連したパスワード，著作権あるいはセキュリティ問題があるか。
- サイトが広告を含んでいる場合，それは消費者情報と明確に区別しているか。

- 情報は最新か。サイトは，どれくらいの頻度で更新されているか。これはヘルスケア情報にとって考慮すべき大切なことである。
- 図書館利用者が必要とし，ほしい種類の情報か。
- 素人の利用者が理解できるレベルの言語か。ヘルスケア専門家を対象とした資料は専門的すぎるので，素人の読者が完全に理解することができないだろう。
- サイトからの外部リンクがある場合，それらの選択に関する質の基準は何か。
- 適切な場合，サイトはそのアーカイブを利用可能にしているか。
- 費用が伴う場合，図書館はこのサイトについて費用負担ができるか。

6.3 図書館が提供できる付加価値付きサービス

　公共図書館員は，インターネット上で利用できる情報源へのアクセス方法や，そうした情報源の評価，選択，管理運営に関する新しい課題への取り組み方を身につけつつある。インターネットが——必ずしも所有権のない——情報源にアクセスを提供するので，図書館は，著作権，フィルタリング，セキュリティおよび権利を賃貸する交渉といった新しい問題に取り組まなければならない。こうしたサービスは，一般市民になかなか気づいてもらいにくい。実際，図書館の外部のインターネットサイトへ自由にアクセスできることは，人々に公共図書館はもう必要ないと思わせている。

　こうした認識を打ち消すために，図書館は付加価値付きサ

ービスを開発し始めた。付加価値付きサービスの中には，質の高いウェブサイトの基準の開発や，利用者のニーズを満たすサイトの判定，また従来の印刷資料と一緒に利用できるサイト（無料，定期購読問わず）の作成がある。選択されたサイトは，目録や，インターネットワークステーション上のお気に入りファイル，図書館ウェブサイト上のリンク集といったものに加えられる。また，図書館員は，インターネットサイトも印刷したものも両方を含めて，ヘルスケアに関する利用者用補助ツールやパスファインダーも作成している。そうして図書館員は，ヘルスケア情報についてインターネットをどのように賢く利用するかについて利用者を研修することに取り組んでいる。

　図書館員には，利用者が見つけた情報を評価し，賢くインターネットを利用するように利用者を支援する際に，可能な限り彼らの専門知識を活用する責任がある。利用者を，ただインターネット端末に向かわせ，自分で情報を探すために放置すべきではない。レファレンスインタビューをすべきであるが，適切であれば，図書館のウェブサイト上でブックマークをつけられ評価された健康情報を，利用者に紹介するべきである。図書館員は推奨しようとしている情報源について完全に熟知している必要がある。さらに，図書館員は，利用者が質問に対する答えを見つけられたかどうか，彼らに確認する必要もある。

(1) 図書館のためのウェブサイトの選定と目録作業

　公共図書館は，一般アクセス用インターネットコンピュータを通して，インターネット情報源をコレクションの一部と

して提供し，図書館目録にサイトを含めることで目録の一部としても提供することができる。その目録が Netscape や Internet Explorer といったブラウザソフトによって利用できる OPAC ならば，図書館目録からサイトに直接リンクすることができる。新しい技術に対して資金を見つけることは難しいだろうが，このコレクションを保管するスペースについては問題がない。建物が古い図書館では，コンピュータを置く場所を探さなくてはならないとか，インターネット用の配線工事をしなければならないといった特別の問題を抱えるかもしれない。

図書館の受入担当職員は，新しいタイプの選書に取り組むことになるだろう。現在，担当職員は，従来の情報源と同様に，インターネットサイトを監視，評価，組織化しなければならない。図書館員が思いどおりにリンクを加えたり削除したりできるので，このコレクションの管理はより柔軟に行える。しかしながら，図書館は各サイトにほとんど統制力を持っておらず，定期的な監視をすることで，サイトが絶え間なく変化することを見出すのである。

(2) 図書館ウェブサイト上の消費者健康リンク集

消費者健康情報のためのウェブサイトを構築するという決定は，長期間にわたる責任を伴うものである。この取り組みは，図書館が扱うことができるほどに単純にも，複雑にもなりうる。Barclay と Halsted (2001) は，消費者健康ウェブサイトの構築に関する実用的な議論を提示している。著者らは，利用者を識別し，利用者のニーズを理解し，質の高いコンテンツを提供する重要性を強調している。コンテンツを決定す

るとき，図書館の印刷版および電子版の健康情報源への案内を作成することを考慮しなければならない。その他に盛り込むべきものは，利用者がウェブ上で信頼できる健康情報を見つけて評価するのを支援するガイドラインまたはガイドラインへのリンク集である。あなたの地域社会のローカルな健康情報源やサービスへのリンク集を含むことを考慮しなければならない。あなたのリンク集に対する免責条項や選択基準文書を含むことを忘れてはいけない。大事なことをひとつ言い残したが，あなたの健康ウェブサイトがそこにあることを利用者に知ってもらうために売り込むことを忘れてはならない。

多くの図書館は，自館のウェブページ上で，選択されたウェブサイトやサービスを目立たせたいと思うかもしれない。これは図書館内の利用だけのために据えつけることもできるし，外部からリンクにアクセスする利用者に提供することもできる。職員数に限りがある小さな図書館は，自分たちのシステムあるいはコンソーシアムのウェブサイト上で利用できるリンク集に頼るかもしれない。あるいは，よく設計された消費者健康のページをすでに公開している，他の図書館のウェブページ（おそらく米国国立医学図書館のMedlinePlusページ）を利用するかもしれない。米国医学図書館協会（Medical Library Association）の消費者・患者健康情報部会（Consumer and Patient Health Information Section: CAPHIS）は，www.caphis.mlanet.org/consumer で消費者健康サイトのトップ100リストを提供している。また，ヘルスケア全般へのリンクを多数提供するHardin MDといったいくつかのメガサイトを含む，基本的なサイトを2，3リストアップしたいと思うかもしれない。一般アクセス用端末のお気に入りファイルは，基本的

で評判のよい健康リンク集を含めるように，図書館員によってプログラムしておくことができる。

　選択されたリンクの利用は，利用者を信頼できるサイトへ導く手段でもある。ほとんどの公共図書館では，利用者が一般アクセス用インターネット端末を彼ら自身で利用することができるようにしているので，安全なインターネットサーフィンに関する手引きを端末や図書館ウェブサイト上にも掲示することは大切である。利用者には，子どもも大人も問わず，インターネット上への個人情報の提供について警告すべきである。

(3) アクセスのしやすさについての問題

　図書館は，身体障害者のためのサイトのアクセスのしやすさについても考慮しなければならない。地域社会の利用者のニーズによっては，車椅子で利用できるテーブルに，少なくともひとつは一般アクセス用端末を設置する必要があるかもしれないし，視覚あるいはその他の機能障害を持つ人を支援するための周辺装置を考慮に入れる必要があるかもしれない。*Computers in Libraries* の 2001 年 10 月号で，障害者支援技術の図書館での利用に関する実用的な情報が得られる。目の不自由な人や身体的障害者のための地域図書館は，視覚障害のある利用者が使用するコンピュータの設置について助言することができる。あなたの図書館にサービスを提供してくれる地域図書館の住所は，米国議会図書館視覚障害者サービス（National Library Service for the Blind and Physically Handicapped: NLS）のウェブサイトで見られる（http://www.loc.gov/nls/reference/directories/resources.html）。もうひとつの情報源

には，あなたの州の北米リハビリテーション技術学会 (Rehabilitation Engineering Society of North America: RESNA) の Technical Assistance Project の窓口がある (www.resna.org/taproject/at/statecontacts.html)。また，CAPHIS といったメーリングリストに質問を投稿し，利用しやすいワークステーションを設計したことがある他の図書館員の経験について知りたいと思う図書館員もいるかもしれない。ベントン財団 (Benton Foundation) の電子ニュースレターDigital Beat は，アクセスおよびアクセスのしやすさについて論じ，次のように述べている「障害を持った人々にとって利用しやすい設計は，インターネットを本当の意味で世界的なものにするために非常に重要である」(LeBlanc and Anderson 2000)。図書館は自館のサイトのアクセスのしやすさを http://webxact.watchfire.com/WebXACT でテストすることができる。Bobby のアクセスのしやすさについての基準に沿っているサイトは，「Bobby 認定」シンボルを表示することができる。

　情報や支援を提供する多くのものの中には，次のようなものがある。米国国立医学図書館と米国国立加齢研究所 (National Institute for Aging) のチェックリスト「あなたのウェブサイトを高齢者にやさしいものに」(www.nlm.nih.gov/pubs/checklist.pdf)，the Agelight サイト (www.agelight.com/webdocs/Usability.pdf) の「あらゆる年代層のユーザーに利用できるウェブサイトのためのガイド」，ウィスコンシン大学の追跡研究開発センター (University of Wisconsin's Trace Research and Development Center) (www.trace.wisc.edu/world/web) の「より使いやすいウェブサイトの設計」。The Web Accessibility Initiative (www.w3.org/WAI) は手引きやガイドライン，教育

訓練情報源を提供している。

(4) インターネットパスファインダー

利用者が必要とする情報を探すために,真っ先にインターネットに向かうのはよくあることである。つまり,利用者はヘルスケア情報が最新である必要があることを知っていて,彼らはインターネットが最新の情報源だと信じているのである。利用者を支援するために,図書館は印刷資料のために作成したのと同じような,インターネット情報源のための印刷版の検索補助資料をつくり出すことができる (Wilson 2002)。この印刷版の検索補助資料には,消費者健康のような多様な主題分野のウェブアドレスのリストが含まれている。ウェブベースのパスファインダーの興味ある例が次にある。

図書館は,サービスが提供される地域社会に基づいたパスファインダーのウェブサイトを選ぶべきである。大規模図書館ではパスファインダーをより専門化することができる。ウェブページのリンク集のように,こうしたパスファインダーは,非常に流動性の高いインターネット情報源に後れを取らないように,継続的に見直し,更新し続けることが必要である。パスファインダーは,図書館のウェブサイトに掲載されると同様に冊子体で利用できるようにもできる。また,図書館にインターネット目録があるなら,パスファインダーは蔵書内の印刷資料にアクセスするためにも利用できる。

> **健康・医学に関するパスファインダーの例**
>
> http://www.healthsystem.virginia.edu/internet/library/collections/ebm/index.cfm
> "Navigating the Maze" はバージニア大学（University of Virginia）ヘルスサイエンスライブラリー（Health Sciences Library）により整えられた根拠に基づく医学情報へのパスファインダーである。
>
> http://njref.camden.lib.nj.us/pathfinders/healthpath.htm
> カムデン郡（ニュージャージー州）公共図書館（The Camden County (N.J.) Public Library）もまた印刷版とオンライン情報源を結合している。
>
> www.nnlm.nlm.nih.gov/healthinfoquest/pathfinders
> 全米医学図書館ネットワーク(NN/LM)はウェブサイトでパスファインダーの索引を提供している。索引は、利用者の質問実例をリストアップし、図書館員がそれに回答する方法で用意されている。
>
> http://www.ipl.org/div/pf/
> The Internet Public Library は健康・医学・栄養におけるパスファインダーの一覧を提供している。

(5) インターネットプレゼンテーションと講習会

公共図書館がインターネット情報源を使って利用者を支援するもう一つの方法として、ヘルスケア情報源に関する公開講座や講習会の開催があげられる。プログラムは、図書館や図書館員の情報源によって、さまざまな方法で行うことができる。例えば、1対1（利用者と図書館員）で行うことができる。2, 3人の少人数には、一般アクセス用端末で定期的なデモンストレーションを提供することができる。もし、図

書館に会議室とインターネット接続を備えたコンピュータに接続できるプロジェクターがあるならば，健康情報源の双方向の実演をその場でより大人数の利用者のために計画することができる。幸運にも1人1台のインターネットワークステーションを備えたコンピュータ研修室があれば，講習はより本式で複合的にできる。図書館は，近くのヘルスケア施設の医学図書館員や看護教育者，あるいは地域社会の支援グループコーディネーターといった，これらのプログラムのためのパートナーを探すべきである。

　図書館員がインターネット講習を企画するのに支援が必要なとき，多くの可能性のある情報源がある。米国国立医学図書館の全米医学図書館ネットワークは，講習で使える資料をオンラインで提供している (http://nnlm.gov/libinfo/)。ニューヨーク公共図書館のインターネットにおける健康情報ワークショップの指導者用概要が，CAPHIS ウェブサイト (http://caphis.mlanet.org/resources/LeadersOutline.html) で提供されている。PubMed データベース検索のためのオンラインチュートリアルが，米国国立医学図書館のサイト (http://www.nlm.nih.gov/bsd/pubmed_tutorial/m1001.html) で見ることができる。米国医学図書館協会，公共図書館部会 (Public Library Association) や州の協会の大会で行われる研修会を探してみなさい。また，コンソーシアムや図書館システムは，会員館にとって重要な主題分野の講習会の支援もしている。CAPHIS あるいは Medlib-L といったメーリングリストに質問を投稿することによって，講習会を企画した経験があり，その資料を喜んで共有してくれる図書館と職員が接触することができるだろう。Kovacs と Carlson (2000) が *How to Find Medical*

Information on the Internet（インターネット上の医学情報を見つける方法）と題したチュートリアル本を出版している。

　多くのインターネット利用者が，彼らの質問に対する答えを見つけられずに，数百という健康サイトを移動して多くの時間を費やしている。多くは効率の悪い検索者で，彼らはたいてい検索語として単にサイト名あるいは単一の語を入力しているだけなのである。公共図書館利用者を支援する図書館員は，この事実を覚えておかなければならない。

　結論として，インターネットによって公共図書館は利用者に広範囲に用意された健康情報を提供することができるようになった。この情報の多くはこれまで簡単に利用することができなかったものである。図書館の一般アクセス用端末で高度に検索された情報を利用できることは，現在の利用者，そして新しい「健康探求者」の双方をより図書館に引き寄せることになるだろう。彼らが来たときに，図書館員がインターネット上にある健康情報の検索のしかたを利用者に案内できるということは非常に重要である。こうしたガイダンスには，熟練したレファレンスインタビューを行うこと，情報源を評価しブックマークをつけること，情報を案内し講習会を行うこと，その他の付加価値付きサービスを提供することなどがある。図書館員は，こうした役割に関連する新しい技術を身につけなければならない。さもなければ，図書館はサービスを提供する重要な機会を逃してしまうだろう。

引用文献

Alexander, J., and M. A. Tate. 1999. "Evaluating Web Resources." www.use.widener.edu/Wolfgram-Memorial-Library/webevaluation/webeval.

htm. An updated version was published the same year as *Web Wisdom*. Mahwah, N.J.: Lawrence Erlbaum.

Barclay, Donald A., and Deborah D. Halsted. 2001. "Building Successful Consumer Health Web Sites for Your Users." In *Consumer Health Reference Service Handbook*. New York: Neal-Schuman Publishers.

Berland, Gretchen K., et al. 2001. "Health Information on the Internet: Accessibility, Quality, and Readability in English and Spanish." *JAMA* 285, no. 20 (May 23/30): 2612-21.

Bertot, J. C., and C. R. McClure. 2000. "Public Libraries and the Internet 2000: Summary Findings and Data Tables, Submitted to National Commission on Libraries and Information Science." NCLIS Web Release Version, Sept. 7. Available online at www.nclis.gov/statsurv/2000plo.pdf

BMJ. 2002. "Trust Me. I'm a Website," *BMJ* 324, no. 7337 (Mar. 9): 555+. Table of contents available online at http://bmj.com/content/vol324/issue7337.

Burling, S. 2000. "Internet May Not Be the Best Place for Carpal Tunnel Facts." *The Philadelphia Inquirer*, Nov. 20, C4.

Chin, Tyler. 2000. "Search and Ye Shall Find" *American Medical News* 43, no.36 (Sept. 25): 22-23.

Collins, B. R. 1996. "Beyond Cruising: Reviewing." *LJ* 121, no. 3 (Feb. 15): 122.

Computers in Libraries. 2001. "Making Sure Everyone Has Access to Information," *Computers in Libraries* 21, no. 9 (Oct.). Table of contents available online at www.infotoday.com/cilmag/oct01/cilmag.htm.

Cooke, A. 1999. *Neal-Schuman Authoritative Guide to Evaluating Information on the Internet*. New York: Neal-Schuman.

Crocco, A. G., M. Villasis-Keever, and A. R. Jadad. 2002. "Two Wrongs Don't Make a Right: Harm Aggravated by Inaccurate Information on the Internet." *Pediatrics* 109, no. 3 (Mar.): 522-23.

Davison, K. 1997. "The Quality of Dietary Information on the World Wide Web." *Clinical Performance and Quality Health Care* 5, no. 2 (Apr.-

June): 64-66.

Detwiler, Susan. 2001. "Charlatans, Leeches, and Old Wives: Medical Misinformation." *Searcher: The Magazine for Database Professionals* (Mar.): 36-47.

Ferguson, T. 1997a. "Health Care in Cyberspace: Patients Lead a Revolution." *Futurist* 31, no. 6 (Nov./Dec.): 29+.

―――.1997b. "Cruise the Net and Call Me in the Morning: Tom Ferguson, M.D., Says the Internet Can Help You Stay Healthy." *Men's Health* 12, no. 5 (June): 58.

―――. 2000. "Online Patient-Helpers and Physicians Working Together: A New Partnership for High Quality Healthcare." *BMJ* 321, no. 7269 (Nov. 4): 1129-32.

Fox, Susannah, Lee Rainie, Amanda Lenhart, Tom Spooner, Maura Burke, Oliver Lewis, and Cornelia Carter. 2000. *The Online Healthcare Revolution: How the Web Helps Americans Take Better Care of Themselves*. Washington, D.C.: The Pew Internet & American Life Project. www.pewinternet.org/reports/toc.asp?Report=26.

Fox, Susannah, Lee Rainie, Amanda Lenhart, Tom Spooner, Maura Burke, Oliver Lewis and Cornelia Carter. 2001. Wired Seniors: *A Fervent Few, Inspired by Family Ties*. Washington, D.C.: The Pew Internet & American Life Project.

Goldman, Gail, and Bruce Connolly. 2001. "Taking the Pulse." *LJ NetConnect* (summer): 44-50.

Griffiths, K. M., and H. Christensen. 2000. "Quality of Web Based Information on Treatment of Depression: Cross Sectional Survey." *BMJ* 321 (Dec. 16): 1511-15.

Hall, Patrice. 1999. "Navigating the Alternative, Complementary, and Integrated Health Literature with Alt-Health." *Healthcare on the Internet* 3, no. 4: 73-76.

Harris Interactive Inc. 2000. "Ethics and the Internet: Consumers vs. Webmasters." Conducted for the Internet Healthcare Coalition and National Mental Health Association. Rochester, NY: Harris Interactive.

Health Summit Working Group. 1998. "Criteria for Assessing the Quality of Health Information on the Internet: Policy Paper." Mitretek Systems. http://hitiweb.mitretek.org/hswg.

Hoffman, William. 2001. "Is There a Doctor Online?" *ACP-ASIM Observer*. www.acponline.org/journals/news/doctor_online.htm.

Horrigan, John B. 2001. "Online Communities: Networks that Nurture Long-Distance Relationships and Local Ties." Washington, D.C.: The Pew Internet & American Life Project.

Jadad, A. R., and A. Gagliardi. 1998. "Rating Health Information on the Internet: Navigating to Knowledge or to Babel?" *JAMA* 279 (Feb. 5): 611-61.

Kiley, Robert, and Elizabeth Graham. 2002. *The Patient's Internet Handbook*. London: Royal Society of Medicine Press.

Kim, P., et. al. 1999. "Published Criteria for Evaluating Health Related Web Sites: Review." *BMJ* 318 (Mar. 6): 647-49.

Kovacs, D. 2000. *Building Electronic Library Collections: The Essential Guide to Selection Criteria and Core Subject Collections*. New York: Neal-Schuman, 2000. See especially chapter 4, "Collecting Web-Based Health and Medicine Information Resources." The publisher maintains a companion Web site that updates the information on Web sites contained in the print publication and amends the Core Internet Reference Collection.

Kovacs, D., and A. L. Carlson. 2000. How to Find Medical Information on the Internet: A Print and Online Tutorial for the Healthcare Professional and Consumer. Berkeley: Library Solutions, 2000.

Latthe, P. M., et al. 2000. "Quality of Information on Female Sterilisation on the Internet." *Journal of Obstetrics & Gynecology* 20, no. 2 (Mar.): 167-70.

LeBlanc, Jamal, and Rachel Anderson. 2000. "Access and Accessibility." *The Digital Beat* 2, no. 26 (Mar. 10). Available online at www.benton.org/DigitalBeat/db031000.html.

Licciardone, John C., Peggy Smith-Barbaro, and Samuel T. Coleridge.

2001. "Use of the Internet as a Resource for Consumer Health Information: Results of the Second Osteopathic Survey of health Care in America (OSTEOSURV-II)." *Journal of Medical Internet Research* 3, no. 4: E31.

Lynch, P. J. and S. Horton. 1999. *Web Style Guide: Basic Design Principles for Creating Web Sites*. New Haven, Conn.: Yale University Pr., 1999.

Lyon, Becky J. 2001. "The National Library of Medicine and Health Information for the Public." *Public Libraries* 40, no. 2 (Mar./Apr.):107-9.

Mandl, Kenneth D., Isaac S. Kohane, and Allan M. Brandt. 1998. "Electronic Patient-Physician Communication: Problems and Promise" *Annals of Internal Medicine* 129 (Sept. 15): 495-500.

McClung, J. H., R. D. Murray, and L. A. Heitlinger. 1998. "The Internet as a Source for Current Patient Information." *Pediatrics* 101, no. 6 (June): E2-4.

McKinley, J., H. Cattermole, and C. W. Oliver. 1999. "The Quality of Surgical Information on the Internet." *Journal of the Royal College of Surgeons*, Edinburgh 44, no. 4 (Aug.): 265-68.

Miles, J., C. Petrie, and M. Steel. 2000. "Slimming on the Internet." *Journal of the Royal Society of Medicine* 93, no. 5 (May): 254-57.

Miller, Naomi, Eve-Marie Lacroix, and Joyce Backus. 2000. "MedlinePlus: Building and Maintaining the National Library of Medicine's Consumer Health Web Service." *Bulletin of the Medical Library Association* 88, no. 1 (Jan.): 11-17.

Miller, Naomi, Eve-Marie Lacroix, and Joyce Backus. 2001. "The Making of Medlineplus." *Public Libraries* 40, no. 2 (Mar./Apr.): 111-13.

Nielsen, J. 2000. *Designing Web Usability*. Indianapolis, Ind.: New Riders.

"Overcoming the Barriers to Understanding: Behavioral Health Information on the Web." 1999. *Medicine on the Net* 5, no. 10 (Oct.): 6-11.

Potts, Henry W., and Jeremy C. Wyatt. 2002. "Survey of Doctors' Experience of Patients Using the Internet." *Journal of Medical Internet Research* 4, no. 1 (Jan.?Mar.): E5.

Rainie, Lee, Dan Packel, Susannah Fox, John Horrigan, Amanda Lenhart,

Tom Spooner, Oliver Lewis, and Cornelia Carter. 2001. "More Online, Doing More: 16 Million Newcomers Gain Internet Access in the Last Half of 2000 as Women, Minorities, and Families with Modest Incomes Continue to Surge Online." Washington, D.C.: The Pew Internet & American Life Project. www.pewinternet.org/reports/toc.asp?Report=30.

Reeves, Patricia M. 2000. "Coping in Cyberspace: The Impact of Internet Use on the Ability of HIV-Positive Individuals to Deal with Their Illness." *Journal of Health Communication* 5 (supplement): 47-59.

Silberg, W. M., et. al. 1997. "Editorial: Assessing, Controlling, and Assuring the Quality of Medical Information on the Internet." *JAMA* 277, no. 15 (Apr. 16): 1244-45.

Spooner, Tom, Lee Rainie, Susannah Fox, John Horrigan, Jessika Wellisch, Amanda Lenhart, Oliver Lewis, Cornelia Carter. 2001a. *Hispanics and the Internet*. Washington, D.C.: The Pew Internet & American Life Project.

Spooner, Tom, Lee Raine, and Peter Meredith. 2001b. *Asian-Americans and the Internet: The Young and the Connected*. Washington, D.C.: The Pew Internet & American Life Project.

Stevens, Larry. 2001. "The Problem with Search Engines." *Medicine on the Net* 7, no. 1 (Jan.): 1-5.

Taylor, Humphrey. 2001. *Cyberchondriacs Update. The Harris Poll #19, April 18, 2001*. www.harrisinteractive.com/harris_polll/index.asp?PID=229.

Taylor, Humphrey, and Robert Leitman, eds. 2002. "Patient/Physician Online Communication: Many Patients Want It, Would Pay for It, and It Would Influence Their Choice of Doctors and Health Plans." *Health Care News* 2, no. 8 (Apr. 8): 1-4.

"Three New Surveys Measure Consumer and Physician Web Preferences." 2001. *Medicine on the Net* 7, no. 2 (Feb.): 9.

Ulrich, P. F. Jr., and A. R. Vaccaro. 2002. "Patient Education on the Internet: Opportunities and Pitfalls." *Spine* 27, no. 7 (Apr. 1): E185-88.

White, Pamela J. 2002. "Evidence-Based Medicine for Consumers: A Role for the Cochrane Collaboration." *Journal of the Medical Library Association* 90, no. 2 (Apr.): 218-22.

Wilson, Paula. 2002. "Perfecting Pathfinders for the Web." *Public Libraries* 31, no. 2 (Mar./Apr.): 99-100.

Wu, Gang. and Jie Li. 1999. "Comparing Web Search Engine Performance in Searching Consumer Health Information: Evaluation and Recommendations." *Bulletin of the Medical Library Association* 87, no. 4 (Oct.): 456-61.

7章 消費者健康情報提供のための連携

　公共図書館は，情報を提供するために地域社会の他の組織と協働する長い伝統を持っている。健康情報は専門化されているので，専門知識を提供する他の情報源との連携を考慮することは重要な分野である。この章では連携の利点について考え，個々の図書館同士のごく単純な組み合わせから，より複合的なネットワークまでのいくつかの既存の連携を述べる。ここでは連携を展開させるためのガイドラインも提示している。

7.1 連携することの利点

　図書館がサービスする地域社会の多くの構成員にとって，ヘルスケアはきわめて関心の高い話題なので，図書館のヘルスケア情報プログラムは非常に価値のある情報源となりうる。とはいえ，ヘルスサイエンスと消費者健康情報についての高度な訓練と経験を持った職員を抱えることのできる公共図書館はごくわずかである。この専門的な分野でのプログラムを発展させ，また欠けている専門知識を補うため，図書館は地域社会の他の組織と連携を組むことによって利益を得ることができる。潜在的な連携先としては，他の公共図書館，地域の医学図書館，医師会図書館，近隣の大学図書館，さま

ざまなタイプの図書館によるコンソーシアム，地域の健康支援組織，州レベルの図書館ネットワークなどが含まれる。連携機関がお互いに，それぞれのサービスを行う地域社会にとって利益となる，共通の統一した目標を設定できることが重要である。

　成功するヘルスケアの連携は，サービス対象である地域社会の特有なニーズを知っていることも基礎となっている。これらのニーズに見合うというのは，次のようなことを含むだろう。
- 信頼できるサイトや医学・健康情報データベース，フルテキスト文献へのリンクを備えた消費者健康情報を提供する共同運営のウェブサイト
- 共同の蔵書構築
- 資源共有の取り決め（相互貸借を含む）
- 公共図書館で受ける複雑な健康に関する質問を，より専門的な図書館や情報源へ照会するための取り決め
- 職員と一般市民のための，健康情報を特にインターネット上で検索するトレーニング
- 関心の高いヘルスケアのトピックについての催し
- 消費者健康の行事企画のために，また地域の自助グループのために公共図書館の会議室を利用すること
- 消費者健康情報に関する連携機関の活動についての共同広報
- 住民の中でターゲットとなるグループ（例えば，スペイン語を話す人々，ホームレス，高齢者，AIDS/HIV長期生存者など）へのアウトリーチ

最近，米国図書館協会は，Sarah Ann Long（1999～2000年）による会長テーマ「図書館が地域を築く」のもとに，最高レベルの連携を推し進めた（Long 2000; Balas 2001; Kranich 2000）。この主導を通じた米国図書館協会の企画と広報は，図書館がいかに地域社会の他の組織と連携し，彼らの共通の顧客にサービスできるかを示した。米国図書館協会のテーマは特に消費者向けヘルスケアを指向したものではなかったが，このような連携はジョイントベンチャーに対する肯定的な影響力を描き出すことができる。

7.2 連携のための資金供給

消費者健康情報の連携の重要な支援者は，米国国立医学図書館である。近年，米国国立医学図書館は，医師や医療提供者へのサービスから消費者への直接的なサービスへ，その焦点を拡大してきた。NLM Gateway と消費者向けの MedlinePlus 検索サービスの発展については第6章で述べてきた。米国国立医学図書館の消費者への活動の一部は，医学図書館と地域社会を基盤とする情報提供組織との連携のための助成金を与えてきた（"NLM Announces" 2000）。これらの助成金の多くは公共図書館を参加させるものであった。その他の連携は多様な資金源，例えば「図書館サービスおよび技術法」（Library Service and Technology Act: LSTA），州全体で必要とされる健康情報を提供するネットワークに対しての州政府による直接支援，企業や財団からの基金，公共図書館友の会からの指定寄付，そして公式・非公式な地域社会からの直接的な資金調達など，によって助成されている。資金源についての詳述は

第 8 章を参照のこと。長年にわたってつくり上げられた連携は，しばしば特別な助成によって始められ，その後支援は各々の連携機関の経常予算に組み入れられてきた。

7.3 連携の事例

連携にはいろいろな型がありうる。以下のセクションには，さまざまな地域で多様な目標で成功している連携プロジェクトについて，いくつかを短くまとめている。その意図は，あなたの図書館で何が可能なのかについてあなたの考えを刺激し，あなたの消費者健康情報サービスを計画するまでに発展するかもしれない機会をあなたに知らせることである。

ウェルネス情報パートナーズ（The Wellness Information Partners）
ニューヨーク州ロチェスターにあるウェルネス情報パートナーズプロジェクトは，医学図書館，公共図書館，そして郡の健康部局を活用する協力体制をつくり上げた。人口統計データを詳しく調査し，複数の連携機関が健康情報のニーズを特定し，地域社会のタイプ（都市部，郊外，地方）に合わせたサービス提供を開発した。このプロジェクトでは，健康情報の参考質問に答えるためのトレーニングを，公共図書館員に対して行った。また，図書館の中に一般の人のためのコーナーをつくり，そこには特別にデザインした展示，チラシ，各種プログラムの案内がある。プロジェクトのウェブページは地域の情報源へのリンクもあり，「医学図書館員に聞きましょう」（Ask a Medical Librarian http://www.viahealth.org/body_departments.cfm?id=405）という質問フォームも組み込まれ

ている。各々の関係者の寄与がこのプロジェクトにとって非常に重要である。ウェブサイト（http://www.libraryweb.org/viahealth/grant.htm）から引用すると，

- 公共図書館員は，彼らの利用者の健康情報ニーズについての自分たちの知識を持ち寄る。
- 医学図書館員は，健康情報源についての広く深い知識を持ち寄る。
- 公衆衛生の専門家と感染症の専門家は，特定の感染症についての新たに開発された読みやすく書かれた資料を持ち寄る。
- すべての機関の広報の専門家は，多様な住民へサービスを宣伝する専門知識を持ち寄る。

この規模のプロジェクトは，その地域社会においてはっきりと見え，重要な影響を約束している。この企画の公式の目的は「多様な住民を対象とした医学情報提供のさまざまなモデルを創設し，……［かつ］都市部，郊外，地方という，それぞれの環境にいる住民への異なったサービスのモデルによる評価実験を行う」こととされている。公共図書館システム自身だけでは，このようなレベルの影響を成し遂げることはできない。このプロジェクトの連携機関には，公式のアウトカム研究（ViaHealth Library System）と，消費者健康教育およびレファレンスプロジェクト（Rochester Regional Library Council）の過去の経験がある。この例は，連携を組むことと特別なプロジェクトの成功経験が，他のより革新的で実りある連携に導きうることを我々に示している。

J.V. ブラウン記念図書館 (J.V. Brown Memorial Library)

　小規模なものでは，ペンシルバニア州ウィリアムズポートのJ.V. ブラウン記念図書館があり，11の地方郡におけるより小規模な公共図書館のための照会ポイントとして，地区の公共図書館に対して消費者健康資料を提供するための米国国立医学図書館助成の受け手となっている。この図書館のウェブサイト（www.jvbrown.edu）の「レファレンスルーム」の中での消費者健康関連のリンク集も利用できる。

　このプロジェクトの一部として，地区の図書館の一般市民や図書館員に向けた消費者健康情報のインターネット検索教室も提供された。助成終了後もこの活動は継続され，この図書館は地域健康システムと新しい連携を発展させている。そこには，この地域社会に消費者健康情報を届けるということに関して，同じような関心を持った熱心でエネルギッシュな図書館職員がいるのである。彼らは，ペンシルバニア州中央部の消費者健康コンソーシアムの会議にも参加し続けている。

デトロイト地域エイズ図書館 (Detroit Community AIDS Library)

　デトロイト地域エイズ図書館は，公共図書館から始まったのではない連携の一例である。このプロジェクトは1995年に米国国立医学図書館の助成を受けて始まったもので，米国国立医学図書館の消費者健康情報への最初の進出のひとつである。連携機関は，デトロイトメディカルセンター（Detroit Medical Center）の3つの病院図書館，ウェイン州立大学シフマン医学図書館（Wayne State University Shiffman Medical Library），3つの自治体組織，そしてデトロイト公共図書館（Detroit Public Library）であった。その地域に分館を持つデ

トロイト公共図書館は，ミシガン東南部とその近辺住民へのAIDS/HIV情報を提供するという貢献での重要な部分を占めている。このアイディアは病院図書室から始まり，結局シフマン医学図書館へ実際的な目的遂行のために移行した。プロジェクトはインターネットや地域の情報源，電子メール，電話で到達できる情報サービスへのリンクが張られたウェブサイト（www.lib.wayne.edu/dcal）として企画された。消費者用資料はデトロイト公共図書館の各分館とシフマン医学図書館に置かれ，地域の利用者が来館して利用できる。インターネットトレーニングセッションは，デトロイト公共図書館とシフマン医学図書館で行われていた（そして今も行われている）。初期の資金は，公共図書館と地域の施設のためのコンピュータ設備が含まれていた。プロジェクトは時間の経過とともに変化した。助成による初期の資金は，参加している機関の運営予算へと移っている。新規の助成には，基本的なサービスの補完と，新たな利用者グループに手を伸ばすために企画される新たなサービスが求められている。

ニューヨーク健康オンラインアクセス（New York Online Access to Health: NOAH）

ニューヨーク健康オンラインアクセス(NOAH)は，ニューヨーク市ウエストチェスター郡とニューヨーク市立大学（City University of New York）のキャンパスにある約100の図書館を通して人々にサービスを提供している。4つの連携機関，すなわち，ニューヨーク市立大学，ニューヨーク公共図書館（New York Public Library），メトロポリタンニューヨーク図書館協議会（Metropolitan New York Library Council），ニューヨ

ーク医学アカデミー（New York Academy of Medicine）は，26年以上にわたって数多くのプロジェクトで協同作業を行ってきた。NOAH は電気通信情報局（National Telecommunications and Information Administration）からの資金援助と，それと同額の他からの助成によって設立された。その目標は「独自で，信頼でき，典拠の確かな 2 か国語の健康情報サイトを，健康消費者でもサービスの行き届かない人々にささげられた。その多くはスペイン語を話す人々であるが」としている（"A Brief History" http://www.noah-health.org/en/about/ を参照）。NOAH サイトは重要なウェブで，他のサイトからのリンクも多い。このサイトは科学諮問会議やウェブチーム，寄稿編集者によって支えられている。

ハワイ消費者健康情報サービス（Hawaii's Consumer Health Information Services）

　消費者健康情報サービス（CHIS）は，この州の最大の医学図書館であり，全米医学図書館ネットワーク（National Network of Libraries of Medicine）の情報資源図書館でもあるハワイ医学図書館（Hawaii Medical Library）のプロジェクトとして始まった。この図書館はもともと，公共へのサービスと来館者へのレファレンスサービスを行っていた。病院内での消費者健康図書室を初めてつくる際に，このプロジェクトは「すべての島で健康のプレゼンスを持つ機関との連携を創造する」ことによって，公共へのアウトリーチの提供へと進んだ（Sato 1998）。

　ハワイ州立図書館システムは，49 の分館を含む独特の構造である。CHIS は，回答が難しい健康関連の質問について

分館から問い合わせを受け付ける。消費者はどの分館からでも健康に関する質問を送ることができ，情報の束を直接，あるいは分館から受け取ることができる。このシステムは医師からの問い合わせも受け付けている。教育用のモデルやチャートのコレクションのウェブ目録，消費者のための講座や，教育活動などの日程表を開発した。このプロジェクトの他の連携機関はハワイがん情報サービス (Cancer Information Service of Hawaii)，ほかのハワイの支援グループ，医師，州内の他の病院の健康教育者である。オアフ島を除いたすべての島々では消費者健康情報へのアクセスが非常に限られているという州のニーズに合わせるように，この連携は設計された。公共図書館は多くの地域社会に散在しているため，それらは消費者にとっての理想的なサービスポイントとなっている。ウェブサイトで公開されている (1999/2000 年のデータは www.hml.org/CHIS/sum9900.html を参照)。CHIS の活動の年間サマリーには，この連携によるサービスや活動の詳細な統計が提供されている。

オハイオ州公共図書館ネットワークとネットウェルネス (The Ohio Public Library Network, NetWellness)

オハイオ州全体にサービスする連携には，オハイオ州公共図書館ネットワーク (OPLIN) を利用している。これは「オハイオ州の住民に州の通信網を通じて高速で無料のインターネットを提供し，同様に地域の公共図書館から無料ではないがWWW での高品質な研究データベースの利用をも提供」している。OPLIN は消費者健康情報を提供している NetWellnessと連携を組んでいる。NetWellness (www.netwellness.org) は，

シンシナティ大学（University of Cincinnati），ケースウェスタンリザーブ大学（Case Western Reserve University），オハイオ州立大学（The Ohio State University）の医学・健康分野の専門教員によって創作されたものである。

ティフトン－ティフト郡公共図書館（Tifton-Tift County Public Library）

　米国国立医学図書館の助成によるティフトン－ティフト郡（ジョージア州）公共図書館の2000年プロジェクトは，図書館のサービスで低収入，スペイン語を話す人々，非識字といったターゲットとなる人々に消費者健康リテラシー研修を提供した。従来は使わなかったような場所を用いて，教会，健康クリニック，コミュニティセンターなどのゲストとして，プロジェクト担当者はMEDLINEとMedlinePlus情報源についてのプログラムを実行した。ラップトップコンピュータやコンピュータプロジェクター，そして電話線のない場所で携帯電話を使って，担当者は基礎的なインターネット検索のデモを行った。これらのプレゼンテーションや配布資料の補足として，参加者はグループでの追加トレーニングのために図書館へ招かれた。ボランティアの講師が図書館職員を補完するために使用された。この図書館のウェブサイトはwww.tift.public.lib.ga.usで利用できる。

バーストラー消費者情報センターとハーシー（ペンシルバニア州）公共図書館（Berstler Consumer Information Center, the Hershey (Penn.) Public Library）

　これは公共図書館と専門図書館間連携のもうひとつの例で

ある。バーストラー消費者情報センターは，ペンシルバニア州立大学（Pennsylvania State University）ハーシー医学センター（Hershey Medical Center）の産科婦人科に付属した小さな図書館であり，一般市民からの消費者健康質問に対応するために設立された。すぐそばのハーシー公共図書館は，自館で処理できない消費者健康の参考質問は，協定によってバーストラーへ照会する。バーストラーは図書，新聞，ビデオの蔵書は少ないが，図書館員はMEDLINE検索ができ，Infotrac健康レファレンスセンター（Infotrac Health Reference Center）にもアクセスすることができる。ハーシー公共図書館はEBSCOhostのフルテキスト健康データベースにペンシルバニア州のオンライン，POWER［訳注：Pennsylvania Online World of Electronic Resources］図書館ネットワークを通じてアクセスすることができる。連携機関の双方はそれぞれの資金によって運営しているが，ウェブ目録をつくるために助成申請を準備している。2つの図書館は近いので，より専門的な援助を求めているハーシーの利用者は，通常バーストラーに直接訪ねていく。図書館は平均して月に150の質問を扱っており，電子メールによるものもある。ハーシー公共図書館との連携だけではなく，バーストラーの図書館員は地域の学区や地域内の他の図書館システムへの彼らのサービスの市場開拓をしてきた。

フィラデルフィア公立図書館とフィラデルフィア医学会（The Free Library of Philadelphia, the College of Physicians of Philadelphia）

　フィラデルフィア公立図書館（FLP）と非営利の医学会であるフィラデルフィア医学会（College of Physicians of

Philadelphia）は，消費者健康情報へのアクセスを拡大するための連携展開の初期段階にある。この医学会のC. エベレット・クープ地域健康情報センター（CHIC）は1995年に創設された。これは医学，健康維持，疾病予防，ヘルスケアサービスについての広範囲で新しい情報をカバーする，正確で消費者指向の情報源を無料で提供することによって，一般市民の健康情報ニーズに応えるためであった。フィラデルフィア公立図書館は，フィラデルフィア市でサービスする包括的な公共図書館システムである。フィラデルフィア公立図書館は49の分館と，3つの地域拠点図書館，視覚障害者と身体障害者のための図書館と，市中心のローガンスクエアにある中央図書館からなる。レファレンスライブラリアンらは週に52,000件の参考質問に答えているが，そのうち約19％が健康関連のものである。一般市民への健康情報の供給を協同的に発展させることによって，フィラデルフィア医学会とフィラデルフィア公立図書館は活気のある健康情報ネットワークとしてサービスすることができることとなった。

1998年，疾病対策センター（Centers for Disease Control）はMacro International社とCHICの評価を行うための契約をした。この評価の結果は全般的に非常に好ましいものであった（Macro 1999）。CHICは正確で新しく，信頼できる情報源，訓練され援助に富む職員についての賞賛を受けた。その有効性とサービス提供を向上させるために，CHICが公共図書館システムと協同することによって地域社会で注目度を上げるという勧告がなされた。医学会は，フィラデルフィア公立図書館との公式な連携の展開も含むマクロ社の評価における勧告を実行するために，3年間の助成を受けた。どのように

CHICとフィラデルフィア公立図書館が一般市民へ健康情報を提供するために協同できるのかを探るために，医学会はフィラデルフィア公立図書館からの公共図書館員とのフォーカスグループを結成した。一般市民の健康情報ニーズに取り組み，また高品質な健康情報への市民のアクセスを確固とするためのプログラムを企画・実行するために，CHICとフィラデルフィア公立図書館職員によるコアチームが創設された。協力の初期分野には，健康関連レファレンスの優先順位づけや照会プラン，可能な資源共有の調査，公共図書館員と利用者のための健康情報ワークショップ開発の協同作業，CHICと公共図書館のウェブサイトでの健康情報を拡大することが含まれていた。助成2年目，3年目の追加事業として，フィラデルフィア公立図書館職員のための電子的健康情報アラートサービスの開設，フィラデルフィア公立図書館職員のためのウェブ健康情報チュートリアルの創設，ウェブでの地域健康情報源リストをつくることが企画されている。

7.4 成功するプロジェクトのための連携機関探し

これまでに提示された事例は，さまざまな連携の型が可能であることを示している。図書館関係の文献には，さらに他の事例が示されている。米国国立医学図書館や「図書館サービスおよび技術法」の助成によるプロジェクトのレビューもまた有益だろう。あなたはあなたの図書館の連携機関をどのようにして見つけるだろうか。より成功する連携のための基準とは何だろうか。

潜在的な連携機関を見つけるひとつの方法は，消費者健康

情報に興味を持っている人々を特定することである。あなたのシステム，コンソーシアム，あるいは職能団体の中の特別な関心を持っているグループを探しなさい。米国医学図書館協会の消費者・患者健康情報部会（Consumer and Patient Health Information Section）はひとつの明らかなグループであり，その他には州，地方や，地域レベルで存在する。地域の疾患自助グループ，近くの健康システムにいる医学図書館員，シニアセンター，ナーシングホーム，郡の社会福祉機関の計画作成担当者と接触するのもよい。州の図書館担当部局がこの分野に関心を持っているかを調べなさい。今までにあなたが他のプロジェクトで一緒に働いたことのある連携機関を思い出してみよう。もしあなたが同じ集団にサービスしているのであれば，あなたは消費者健康情報を共通の関心事として特定することができるかもしれない。あなたが消費者健康情報を届けたいと思うような特定の集団にサービスしている組織に注目しなさい。この章で書かれた連携事例の多くは，関与した組織間での長い協力関係の中での最近のものである。

　あなたがプロジェクトに関するアイディアを発展させ，潜在的な連携機関を探すときには，どんな判断基準に留意しなくてはならないか？　下記がその例である：

●地域社会のニーズを理解する。どんな地域社会のニーズが連携機関の支援によって満たされうるか。他から支援を受けることによって，あなたのサービスをさらに展開させうるどんな機会があるだろうか。公共図書館は必ずしも有力な連携機関ではないかもしれないが，プロジェクトの使命は公共図書館の利用者のためになり，あるいは新しい利用者にも届くものでなければならない。

- あなたの連携機関について知る。サービスを受ける人々の見るところで成功だと言えるどのようなアウトカムが，あなたと連携機関にとって必要かをあなたが理解しているだろうか。それらのアウトカムに到達することにあなたは参加しているか。あなたとあなたの連携機関がそれまでに引き受けた仕事で，どんな経験を持っているだろうか。それらの過去のプロジェクトは有益だったか。
- プロジェクトに適切な財政支援が確保できるか。資金がどのように調達されるのか，またその資金調達には誰が責任を持つのか。すべての参加者には，プロジェクトを維持することに関して，継続的な参加の責任が必要である（特に初期の資金が助成によるものである場合）。プロジェクトは段階に分けてとりかかることができるか。すべてをカバーする資金が得られない場合，連携はどのように続けるか。
- 図書館委員会や連携機関の執行部はその努力に協力的か。そのプロジェクトの目標が，あなたの機関の中心的目標と関連していることをあなたは示すことができるか。
- あなたが思い描いているプロジェクトを引き受けるのに必要な職員をあなたは持っているか。あなたはプロジェクトの価値を職員に示す必要があるだろう。あなたは初期，および長期間に行う職員研修のいろいろなタイプについて知る必要があるだろう。
- あなたの連携機関は，あなたの貢献を補うどのような専門知識をそのプロジェクトにもたらしてくれるのか。多くの場合，公共図書館は地域社会のヘルスケア消費者への場とアクセスを持っており，他の機関は主題および技術的な専門知識を有している。連携機関間の貢献度が同じではない

が，機関の間ではバランスを取り合わなければならない。
● 連携は，サービスの重複を避け，あなたのサービスをより効果的に広め，サービス地域をより友好的に分担することにおいて，あなたと連携機関を支援しているのであろうか。もし答えがイエスなら，連携はたぶん成功するだろう。

連携の可能性は無限である。消費者健康情報連携で成功している図書館はしばしば協力についての歴史があり，そこからいかに他者と協同するかを彼らに学ばせた。ここであげた事例は，地域，州，そして全国的な影響力を持った連携の効果的な方法を描き出している。連携についてより詳しい情報を知りたければ，ヘルスサービスリサーチおよびヘルスケア技術の全国情報センター (National Information Center on Health Services Research and Healthcare Technology) のウェブサイト www.nlm.nih.gov/nichsr を参照のこと。ここには「図書館の連携―強力な結びつき」(Library Partnerships – Powerful Connections) (2001 年にオーランドで開催された米国医学図書館協会年次総会) の発表が含まれている。

引用文献

Balas, Janet L. 2001. "No Library Is an Island." *Computers in Libraries* 21, no. 1 (Jan.): 64+. Unfortunately, many of the Web links mentioned at the end of the article are no longer active.

Kranich, Nancy. 2000. "Building Partnerships for 21st-Century Literacy." *American Libraries* 31, no. 8 (Sept.): 7.

Long, Sarah Ann. 2000. "Libraries Can Help Build Sustainable Communities." *American Libraries* 31, no. 6 (June): 7.

Macro International, Inc. 1999. "Evaluation of the C. Everett Koop

Community Health Information Center (CHIC) Patron Survey Results Contract: 200-96-0598, Task 8." Submitted to the Technical Information and Editorial Services Branch National Center for Chronic Disease Prevention and Health Promotion Centers for Disease Control and Prevention.

"NLM Announces Online Health Information Initiative." 2000. *Information Today* 17, no. 3 (Mar.): 35-43.

Sato, Christine. 1998. "Creating Consumer Health Information Partnerships." *Latitudes* 7, no. 1 (Jan./Feb.). Available online at http://nnlm.gov/psr/lat/v7n1/index.html.

8章 消費者健康情報サービスの計画立案と資金調達

　あなたは，自分の図書館で消費者健康情報サービスを実行しようと決断した。また，理事会から開始してもよいという最初の段階の許可をすでに得ている。いよいよ，資金調達のための申請書という形に発展していくであろう，予算を伴った計画をつくるときが来た。その申請書は助成金という形で財政的な援助を求めると同時に，あなたが地域社会に提供するであろうサービスの質を大いに高めることができる。本章では，計画立案，申請書の書き方，そしてプロジェクトのための資金調達などの基礎について論ずる。本章は，この種の仕事を初めて行う人々のための入門書となることを目指している。

8.1 計画の推進

　あなたの計画は，自分の地域社会に奉仕したいという考えから始まっている。つまりその計画は，その地域における健康情報のニーズに関するあなたの知見に基づいているに違いない。同時に，あなたの計画の中心にあるアイディアは，独創的で時宜を得ていることが望ましい。あなたは主要な構想を特定するためにさまざまな手段を使ってきたことだろう。それには，例えば，あなたが奉仕する地域の人々を対象とし

たフォーカスグループインタビュー，スタッフやその他の同僚とのブレーンストーミング，その地域の行政組織の健康関係部門や地域にあるその他の組織の代表との会合などがあるだろう。他の図書館がどのようなサービスを行っているかを知るために文献探索を行うことや，健康情報に対する地域のニーズ評価を始めることも，計画を推進する上で重要である。計画においては，地域の中でまだ検討されていないようなニーズを明らかにしなければならない。そのようなニーズに見合うために，計画には図書館独自の専門知識が必要となるだろう。

公共図書館の計画立案について書かれたすばらしい情報源として，*The New Planning for Results*（Nelson 2001）がある。Nelsonは，計画の推進において，その図書館のある地域のすべての部門を巻き込む必要があり，そうすればその計画は成功を約束されると強調している。彼女は（利用者に対する）公共図書館サービスとしての対応について取り上げ,消費者情報サービスの概要を述べている。その中で提供されている事例のうちの2件は，アナーバー地域図書館（Ann Arbor District Library，ミシガン州）と，チュラヴィスタ公共図書館（Chula Vista Public Library，カリフォルニア州）の例で，いずれも健康分野の計画について言及している。両計画は，それぞれの図書館が奉仕する地域において独自に採用された計画を描いている。BurroughsとWoodの*Measuring the Difference: Guide to Planning and Evaluating Health Information Outreach*（2000）は，特に健康情報を扱う際に参考にすべきもう一つの情報源である。

計画を推進するには，以下の事柄について決定しなければ

ならない。
- **活動**：着手する予定の活動。
- **対象とする人々**：その消費者健康情報サービスは，特定の対象（例えば，女性の健康，高齢者，子どもなど）を対象とするつもりなのか，あるいは地域全体をターゲットとするつもりなのか。
- **サービス**：あなたの地域の市民に対して，どのような特定のサービスを提供しようとするのか。考慮に入れなければならないのは，健康分野の蔵書（その規模，範囲，館内の配置），レファレンスサービス（対面，電話，電子メールによるもの），健康教育に関する集会活動や講座，健康関係の支援グループのための集会スペース，健康関係のウェブページの開発，健康診断，移動図書館，アウトリーチサービスなどである。
- **広報**
- **スタッフの訓練**

The New Planning for Results の中の「資金援助のための計画文書」では，以下について簡潔に説明がなされている。
- その組織がどのような組織なのか，何をするのか。
- その組織がどのようになろうとしているのか，何をしようとしているのか。
- なぜその組織を支援する価値があるのか。

「資金援助のための計画文書」とは，簡単に言うと，その組織の構想を語るものである。それは将来の寄付者からの質問に答える助けとなり，なぜ彼あるいは彼女の寄付が重要に

8章　消費者健康情報サービスの計画立案と資金調達………223

なるかについての見通しを伝える。きちんと計画された「資金援助のための計画文書」は，支援を依頼するための手紙や，申請書のための中心的な参照文書となる。

計画において，そしてゆくゆくは申請書において答えなければならない個々の問題には，以下のようなものがある。
- あなたの計画の目的は何か。
- この計画に対するニーズはどのようにして明らかにされたのか。論文や報告書中の統計，および地域の指導者や専門家の文章からの引用文を利用せよ (Rees 1991)。
- その計画によって，誰が利益を得るのか。
- その計画は，あなたの図書館の使命とどのように関連しているのか。
- この計画を構成する活動はどのようなものか。誰がそれにかかわるのか。
- これらの活動の目標は何か。
- その活動を成し遂げるためには，どのような資源（スタッフ，設備，施設，サービス）が必要になるのか。
- この種のプロジェクトを成し遂げることにおいて，図書館はどのような実績を持っているか。
- この計画の一部として，あなたはどのような成果あるいは成果物を導くことができるか。
- あなたはその活動が成功したかどうかを，どのようにして測るつもりか。
- あなたはその活動が目標に到達することに成功したかどうかを，どのようにして測るつもりか。
- この計画のスケジュール表はどのようなものか。
- そのプロジェクトは，資金調達期間が終了した後，どのよ

うにして支援されることになっているのか。
● そのプロジェクトに関連する費用はいくらか。

(1) 予算

プロジェクトのための計画が進展するにつれ，予算が必要になるだろう。それゆえ次は，資金を探し始めなければならない。予算の問題は，そのプロジェクトで提案された活動について，財政的な観点から考えさせてくれるきっかけとなるだろう。予算について考えることが，その計画全体の費用について考え，ひいては資金計画全体を考えることにつながっていく。

Quick と New による *Grant Seeker's Budget Toolkit* (2001) は，助成金による予算を立てるのに役立つ情報源のひとつである。おそらくあなたは，計画してきたスケジュールとその活動を書き込んだチャートを進展させたいだろう。それぞれの活動は，資金を必要とする構成要素（例えば職員，設備，施設，サービス）として組織化する必要がある。そして見積もった費用を，それぞれの活動に対して振り分けなければならない。ここには直接的な経費も，間接的な経費も，両方含めなければならない（計画を行う場所を用意するための諸経費のような）。これらを合計すれば，あなたがその計画にとりかかるにはどれくらいの予算が必要なのかがわかるだろう。いよいよ，あなたは資金計画を進展させる準備ができたことになる。

(2) 資金

今やあなたは計画にいくら必要かを知っているので，利用可能性のある資金源について調査する必要がある。そのプロ

ジェクトは，すでに持っている資源を再配分することによって賄うことができるのか。初期段階の実質的な助成金が必要となるのか。最初の資金調達期間終了後，その計画をどのようにして継続していこうと考えているのか。

　適切な規模のプロジェクトであれば，すでに持っている資源を再配分することもできるだろう。また，多くのプロジェクトにとって，組織の運営予算は，統合されたサービス全体を徐々にカバーしていかねばならないだろう。しかし，ほとんどのプロジェクトが，最初の段階では，特定の資金を見つける必要があるだろう。可能性のある資金源は以下のように多数あり，それらはそれぞれに独自のいくつかの条件を持っている。

　政府からの助成金：もしもあなたが大規模なプロジェクトを計画しているなら，それはおそらくパートナーとなる組織との共同計画であろうが，自分たちが連邦政府の助成金を受け取る資格があるかどうかを知りたいであろう。消費者健康情報分野のプロジェクトについては，連邦政府による2種類の特別な資金がすぐに思い浮かぶ。それは米国国立医学図書館（National Library of Medicine）による助成金と，「図書館サービスおよび技術法」（Library Services and Technology Act: LSTA）による州の図書館担当部局からの助成金である。両方の計画には，独自の特定の条件と締め切りがある。消費者健康情報に関する米国国立医学図書館や，その他の政府機関を通じて利用できる助成金の情報にリンクした，nnlm.gov/projects の全米医学図書館ネットワーク（National Network of Libraries of Medicine）のウェブサイトを調べなさい。そこには，申請書を準備する方法についての情報もある。連邦政府は，

www.firstgov.gov にある Nonprofit Gateway というウェブサイトと，http://ocd1.usda.gov/nofa.htm にある EZ/EC (The Empowerment Zone and Enterprise Community Program) のウェブサイト内の「Notices of Funding Availability」という検索可能なリストを運営している。「図書館サービスおよび技術法」による資金の情報については，あなたの州の図書館担当部局に連絡をとりなさい。

財団による助成金：財団による助成金には，地域にある財団やファミリー財団も含まれる。財団には，あらゆる規模が考えられる。財団の資金を引き寄せることができるかどうかは，あなたの提案する計画に関心があり，かつそれに対して資金を提供できるような財団を見つけることができるかどうかにかかっているだろう。あなたの図書館はすでにいくつかの財団，特に地域の財団と関係があるかもしれない。そのような関係には価値があるので，維持され，深められるべきである。財団というものは，特定のタイプの計画を彼らの資金を投じる的としていたり，特定の地理的な場所を資金を投じる的としていることが多い。まずは，あなたの州にある財団を扱った名鑑から調べ始めればよいだろう。大規模な財団であれば，財団センター (Foundation Center) がその情報を追跡している。特定の財団が興味を持っている分野や，彼らが提供している助成金についての背景的な情報を得るには，財団センターのデータベースや *Foundation Directory* を検索するのもよいだろう。

内部の助成金：あなたの組織が管理している，寄付金やその他の特定の資金による内部の助成金もある。あなたの提案している計画を支援してくれる可能性のある特定の寄付金や

その他の資金を,あなたの組織が持っているかどうかを調べることは,常に価値のあることである。

企業スポンサー:企業が,彼らがビジネスをしている地域において,特定の非営利のプロジェクトへの資金提供にかかわっていることもある。地域の製薬会社,医療施設,あるいはその他の企業が,その企業の活動している地域社会のためになりそうな,消費者健康情報分野のプロジェクトに関心を持っているかもしれない。理事会のメンバーに,資金提供者になりうるような企業で働いている人がいるのではないか。もしもその企業の規模が相当に大きいようであれば,企業の財団が存在する可能性もある。その企業のウェブサイトか,*Corporate Giving Yellow Pages, 2000* や,財団センターによって出版されている *National Directory of Corporate Giving* のような企業の寄付についての名鑑を調べてみなさい。

個人の寄付者:地域には,あなたのプロジェクトへの資金提供に関心を持つ個人も存在するかもしれない。そのような人々は,あなたや図書館委員会のメンバーにすでに知られているかもしれない。彼らには依頼状によって公式に申し入れをする必要があるだろう。これらの資金源に対しては,現物による貢献(宣伝のためのパンフレットの印刷,コンピュータの支援など)を考慮に入れなさい。

ボランティアの役員会:ボランティアの役員会という指導的立場にある人々も,あなたの資金調達計画を成功へと導いてくれるだろう。役員会のメンバーは,実際の寄付や寄付の勧誘においても,率先して貢献してくれるだろう。彼らは自分たちの個人的な接触を図書館と共有することによって,最も有望な候補者をあなたの組織に教えてくれるだろう。企業や

財団との接触を含め，役員会メンバーのネットワークが拡大すれば，そのネットワークはあなたの組織の代わりに，多様な方法で利用される可能性がある。これらのボランティア上層部の人々にとっての資金調達推進の任務とは，推進活動に対してリーダーシップを発揮することである。この任務はおもに2つの方法を通じて行われる。すなわち，(1) それぞれの寄付の水準に見合った，個人的な支援を提供すること，(2) 有望な候補者氏名の提案，計画推進スタッフへの仕事の説明，寄付勧誘の電話への参加，関連する活動などによって，可能性のある他の寄付者の勧誘を促進することなどである。

図書館友の会や地域の非営利組織による資金提供：正当な計画と状況が揃えば，自分の図書館の友の会に消費者健康プロジェクトへの資金提供を依頼することを考慮に入れてもよいだろう。ロータリークラブやビジネス関係のグループのような，地域の他の組織にアプローチしてみるのもよいだろう。そのような資金提供者にとっては，ボランティアが支援する機会のあるようなプロジェクトは，非常に魅力的であることが多い。図書館友の会のグループのメンバーや，図書館への寄付者，あるいは図書館に頻繁にやってくる利用者が，資金提供者に接触してくれるか，あるいは図書館に代わって話をしてくれるかを調べてみなさい。

サービスに対する料金や製品の売り上げによって得られる資金：プロジェクトによっては，そのプロジェクトを支援するために，資金の一部をサービスに対する料金や製品の売り上げによって埋め合わせることが可能かもしれない。

もしもあなたの図書館が大規模な組織や，大規模な図書館システムの一部であれば，あるいはあなたが提携組織を持っ

ているならば，資金調達計画を助けてくれるような計画推進部門か，あるいは支援スタッフを持っているかもしれない。小規模な図書館であっても，このような経験を持つスタッフや理事会のメンバーがいるかもしれない。さらにこの仕事に役立つような出版物や，組織や，協会なども存在する。このような情報源については，本章の最後にある付録を参照しなさい。

8.2 申請書

　申請書はあなたの計画について説明し，その予算について詳述する文書である。申請書はある特定の資金提供者をねらうものである。あなたの計画がどのような特質を持っているかによって，どのような資金源（あるいはその組み合わせ）を考慮に入れるのが適切かが決定されるであろう。もしもあなたが求めている金額の総計がかなり大きいなら，ある資金提供者は単に申請の申し込みを受けるだけかもしれないし，あるいは応分の助成金を提供しようとするだけかもしれない。これらの助成金が得られるかどうかは，あなたがその計画に必要な費用のある部分を他の資金源から調達できるかどうかにかかっている。別の種類の助成金として，着手資金のための助成金というものがある。これは新しい計画を始める際の資金であって，計画を継続するための資金を提供してくれるものではない。資金提供者の中には，ある計画の運営のための資金を提供はしないが，コンピュータ設備や建物の改修などのような大規模なプロジェクトには出資するというものもいる。あるプロジェクトの長期的な支援を得るには，あ

なたはプロジェクトに継続してかかわってくれる資金提供者を探す必要がある。また，これまでにないような革新的で特別なサービスは，支援者をより魅了する傾向にあるということも覚えておくとよい（Kemmis 1998）。

　成功する申請書を作成するために，留意すべき重要な点を以下にあげる。

- 資金提供者の提示する募集要項に合わせて，各々の申請書を作成しなさい。その資金提供者の指示に完全に従いなさい。
- 決して"熱意のない"助成金申請書を提出してはなりません。申請書を提出する前に，プロジェクトがその助成金に対して適格かどうか，あなたのプロジェクトに対して関心を持ってくれそうか，計画にはどのような制約があるのか，資金はどのように利用できるのか，などについて把握するために，資金提供団体と連絡をとりなさい。それから，あなたの組織とプロジェクトについて説明する文書を下書きしてみなさい。
- 資金提供者に説明を求めることを恐れないこと。資金提供者が申請書を強力にするための提案をしてくれることも多いであろう。
- 申請書の評価過程についてと，申請書がどのように採点されるのかを学びなさい。
- あなたのプロジェクトが，資金提供者の目的とどのように合致するのかを明確に説明しなさい。
- 提案しているサービスを，あなたの図書館だからこそどのように提供できるかを示しなさい。
- 可能な場合には，あなたの図書館が地域から支持されてお

り，ある特定のニーズに合致しているということを示すために，個人あるいは地域内のグループや組織からの支援の書面を一緒に含めなさい。
- あなたができる以上のことを約束しないこと。
- 申請の不採用から学びなさい。もしも資金を得られないことになったとしても，申請書をどのように強化すればよいのかについて資金提供者にフィードバックを求めなさい。

もしもあなたが資金を得ることができたなら，以下にあげるポイントは，あなたが資金提供者と良好な関係を維持するための助けとなるだろう。
- 資金提供者との関係には細心の注意を払いなさい。スケジュールを厳守し，何か変更をした場合にはその説明をするために資金提供者に連絡をとりなさい。求められれば報告書を送りなさい。
- あらゆる活動に関するファイル，その計画の広報関係の資料，そして作成した文書などを慎重に保持しなさい。
- 予算の変更についての説明を含め，あらゆる出費について記録を残しなさい。財政的な説明責任は重要である。多くの資金提供者が助成金の会計報告を必要としている。
- 資金提供者は，そのプロジェクトに対する最大限の可視性を受けられるべきである（その組織や人が匿名の寄付者であることを望んでいる以外）。
- もしもあなたの組織が計画推進の責任者や計画推進部門を持っていれば，その資金によって運営されるプロジェクトの功績を，その人あるいはその部門が共有できるように寛大にしなさい。あなたは将来彼らと仕事をすることになる

だろうし，そうなれば彼らの好意が必要になるだろう。たとえあなたがその仕事の大半をすることになるとしても，それが両者にとって有利な状況を招くであろう。
●その計画が完結した後も，資金提供者と連絡を保ちなさい。というのも，再び彼らにアプローチをする機会があれば，興味を持ってもらえる可能性があるからである。彼らは，当初のプロジェクトが以後どのようにして維持されているか，あるいは発展しているかを知りたいだろう。

予算削減と，新たな図書館サービスに対する要求の増加によって，すべての図書館員が資金調達のための手腕を磨くことに熱心になっている。最初のプロジェクトが成功すれば，あなたは自信を持つことができ，また後のプロジェクトに役立つような価値ある経験を得ることができるだろう。特に資金提供者との間に育んできた交際関係，そして個人的なつながりは，将来のためにきわめて重要であることを覚えておきなさい。これらの関係が，あなたの地域に利益をもたらすような，新たなプロジェクトを始めることをあなたに可能にしてくれるだろう。

引用文献

Burroughs, Catherine M., and Fred B. Wood. 2000. *Measuring the Difference: Guide to Planning and Evaluating Health Information Outreach*. Pacific Northwest Region, National Network of Libraries of Medicine and the National Library of Medicine. www.nnlm.gov/evaluation.

Kemmis, Barbara. 1998. "Changing Trends in Library Fundraising." *Library Administration and Management* 12, no. 4: 195-99.

Nelson, Sandra. 2001. *The New Planning for Results: A Streamlined Approach*. Chicago: American Library Association.

Quick, James Aaron, and Cheryl Carter New. 2001. *Grant Seeker's Budget Toolkit*. New York: John Wiley & Sons.

Rees, Alan M. 1991. "Getting Funded: Developing Skills in Proposal Writing." Medical Library Association Course for Continuing Education.

付録　資金調達計画を作成するための情報源

図書と出版物

　申請書の書き方や資金調達について書かれた最新の図書は，多数存在する。どんなタイトルがあるか知りたければ，*Books in Print* や，オンライン書店のデータベース，地域の書店の本棚などを調べてみなさい。役に立つ案内書に，*The Foundation Center's Guide to Proposal Writing*（The Foundation Center, 2001）と *The Foundation Center's Guide to Grantseeking on the Web*（The Foundation Center, 2000）という2冊の図書がある。

　Laurie Blum の *The Complete Guide to Getting a Grant: How to Turn Your Ideas into Dollars*（New York: Poseidon, 1993）と，John Mutz と Katherine Murray の *Fundraising for Dummies*（Foster City, Calif.: IDG Books Worldwide, 2000）中の1章である"Writing Winning Grant Proposals（勝利する助成金申請書の書き方）"も役に立つだろう。

財団センター（The Foundation Center）

　財団センターは，助成金獲得術のコースを主催し，バーチャル教室や，情報源のリストや，研修計画など掲載するウェ

ブサイト（www.fdncenter.org）を運営している。財団センターが共同で維持している蔵書は，財団センターの出版物と，助成金を探す人々にとって役立つ資料とによって，図書館や他の非営利団体の情報センターを支援していると言える。財団センターは，各種の財団と財団が公表している助成金についてのデータベース（the Foundation Directory Online あるいは FC Search on CD-ROM）も運営している。これらのデータベースを使えば，プロジェクトに資金を提供してくれる可能性のある財団を特定することができる。

州の図書館担当部局

あなたの州の図書館担当部局も，各種情報源によってあなたを支援してくれる可能性がある。もしもあなたがサービスを始めるために「図書館サービスおよび技術法」（LSTA）による助成金に応募する準備をしているなら，それはこの部局によって審査されることになる。州の図書館担当部局はLSTA に特化した，助成金申請の準備に関するワークショップを提供していることがある。担当部局のスタッフは，その州が LSTA による助成金のために確立してきた優先事項に関する情報をあなたに与えてくれるかもしれない。また州の図書館担当部局には，ウェブサイト上で資金調達に関する情報源を提供しているところもある。例えば，アイダホ州立図書館（Idaho State Library）の http://www.lili.org/forlibs/lsta/index.htm と，イリノイ州立図書館（Illinois State Library）の http://www.cyberdriveillinois.com/departments/library/what_we_do/servicestechnologygrant.html を見てみなさい。

米国図書館協会(American Library Association)

　米国図書館協会の一部門である図書館管理・経営部会 (Library Administration and Management Association: LAMA) は，http://www.ala.org/ala/lama/lamacommunity/lamacommittees/fundraisingb/fundraisingfinancial.htm に，資金調達に関する情報源のウェブページを持っている。米国図書館協会や他の図書館専門の出版社から出版され，現在購入可能な図書の書名をそのサイトから調べるのもよいだろう。

コンサルタント

　申請書を書くことを手伝ってくれるコンサルタントを雇うことも，ひとつの方法である。もしあなたがこの方法を選ぶなら，図書館にもあなたが申請しようとしている資金提供団体にもなじみのある人物を探しなさい。米国図書館協会の図書館管理・経営部会は，"Choosing and Using a Fund-Raising Consultant" という文献目録を http://www.ala.org/ala/lamacommunity/lamacommittees/fundraisingb/ChoosingandUsingaFund.doc で提供している。

米国国立医学図書館(National Library of Medicine)**と他の政府機関による情報源**

　米国国立医学図書館は，ウェブサイト (http://www.nlm.nih.gov/grants.html) の助成金情報資源部門に価値ある情報を用意している。このウェブサイトには，米国国立医学図書館の消費者健康分野の協力機関とそれらへのリンクのしかた，チュートリアル，助成金告知サービスや助成金のデータベースなどへのリンクを含め，健康サービスのための連邦政府の助

成金に関する情報が提供されている。

同僚

　同僚からの支援を見過ごしてはならない。彼らは，自分が準備をした資金提供者や申請書についての情報を共有していることが多い。また彼らは，あなたの計画や，予算，最終的な申請書を快く読み，批評してくれるかもしれない。

財団

　もしもあなたが資金調達のために財団にアプローチしようとしているなら，彼らが申請書の中で求めていることや，申請書を提出するためのスケジュールについての情報を得るために，彼らに接触したいと思うであろう。多くの財団がそのような情報を提供するウェブサイトを持っている。あるいは，あなたの図書館は選択した財団の年次報告書をすでに収集しているかもしれない。もしもまだ収集していないとしても，その財団のウェブサイト上から，もしくは財団センターが共同で維持している蔵書から，もしくはその財団に直接手紙を書くことによって入手できるだろう。

助成金と申請書作成に関する情報を掲載するウェブサイト

Catalog of Federal Domestic Assistance　www.cfda.gov
　このポータルサイトは，連邦政府による助成金プログラムと，資金調達のための申請書の準備に関する情報へのリンクを提供している。

環境保護庁　Environmental Protection Agency
　http://www.purdue.edu/dp/envirosoft/grants/src/msieopen.htm

このサイトは，助成金申請のためのチュートリアルを提供している。

財団センター　Foundation Center　www.fdncenter.org/
財団センターのサイトには，助成金を探す人々を支援するための情報源やバーチャル教室が用意されている。

博物館・図書館サービス振興機関　Institute of Museum and Library Services（IMLS）　http://www.imls.gov/
この機関は，「図書館サービスおよび技術法」を管理運営している。この法律には図書館にとって有益な，以下の3つの助成金プログラムが含まれている。

- ●州ごとのプログラム（州の図書館管理部局を通じて管理されている。）
- ●アメリカ先住民とハワイ先住民に対するサービスプログラム（Native American and Native Hawaiian Services：種族ごとの組織，アラスカの先住民の集落，ハワイ先住民族に奉仕する組織などを通じて管理されている。）
- ●全米リーダーシップ助成金（National Leadership Grant：国立あるいは営利目的の図書館を除き，あらゆる館種の図書館に対して開かれている全国的なコンテストによって，今日図書館が直面している問題への創造的解決方法を探るような革新的なモデルプロジェクトを支援する。）

図書館管理・経営部会　Library Administration and Management Association (LAMA)　http://www.ala.org/ala/lama/lama.htm
米国図書館協会のこの部会は，資金調達のための情報と，資金調達コンサルタント雇用に関する文献リストへのリンクを用意している。

米国国立医学図書館　National Library of Medicine

http://www.nlm.nih.gov/

米国国立医学図書館の助成金プログラムについての情報が，"Library Services"の項目のもとで利用できる。

非営利ゲートウェイ

http://www.firstgov.gov/Business/Business_Gateway.shtml

［サイトが移動し，サイト名も"Businesses and Nonprofits"と変わった］

これは，連邦政府の情報とサービスについてのポータルサイトである。

助成金ニュース　http://ocd1.usda.gov/nofa.htm

連邦政府の助成金プログラムが，このサイトから，公表日，申請期限，キーワード，機関名などによって検索できる。

9章 消費者健康情報サービスのための広報と行事企画

　図書館が消費者健康情報にかかわる際には,これが図書館がサービスするものであることを利用者に向けて伝えることが重要である。この章では,図書館が健康情報を提供するという使命を広報する方法について論じる。本章ではまた,他の消費者健康情報機能を補うような行事の企画の利用について強調するだけでなく,図書館が健康情報の価値ある情報源であることについても明確にしたい。

9.1　一般の人々とのコミュニケーションの基本原則

　図書館が消費者健康サービスについて一般の人々とコミュニケーションを持つことの意味は,他のタイプのプログラムの場合と比べて劇的な違いがあるわけではない。一般の人々とのコミュニケーションの試みの基本には,サービスに対する目標の設定と,その目標を補完するためのコミュニケーション計画を発展させることを必然的に含むものである。この計画には,利用者に図書館の価値を意識してもらうためのPR活動,サービスの提供を必要とするであろう特定の利用者グループを的としたマーケティング,サービスの将来の利用を開発するためのプロモーション,人々の注意を得るための広告といった手法が用いられるだろう。Wolfeによる

Library Public Relations, Promotions, and Communications（1997）のような，数多くの優れた出版物はコミュニケーション計画の方法についての情報を提供している。Wolfe は，複数のコミュニケーション要素の間にある相互関係について強調している。彼女は，あなたの計画を発展させる際に答えが必要となる質問を以下に列挙している。

- あなたが人々に伝えたいことは何か。
- あなたは誰に伝えたいのか。
- あなたはメッセージをいつ伝えたいのか。
- あなたはなぜこのことについて人々に伝えたいのか。あなたは人々に何かしてほしいのか。

このリストに，健康情報を提供する際にどのように図書館の競合相手を特定するかという質問と，そして，お互いの利益のために彼らとともに働くときには，図書館の役割を彼らとどのように区別するかという質問を加えなさい。

よく知られたコミュニケーションツールとしては，新聞発表，あなたが一緒に仕事をしたいと思うメディアやカギとなる機関の担当者リスト，計画についてのチラシ，ニュースレター，プログラム，特別な行事といったものがある。あなたがどのようにこれらのツールを使うかは，あなたの計画と予算によるだろう。

あなたは一般の人々へ情報を発表する際に，あなたの組織の方式ルールによって行うことを望んでいるだろう。もし図書館がロゴを持っているのならば，すべての刊行物の中にそれを含めるべきである。特別なプログラムについては，このプログラムに関連したコミュニケーションとして用いるため，別個に独自のロゴやスタイルを開発したいと思うかもし

れない。あなたは図書館の年次ニュースレターのような現在あるコミュニケーション手段も用いたいし, 消費者健康サービスに限定した新しい製品も開発したいのかもしれない。

興味のわく話は聴衆の注意をつかむ効果的な方法であり, コミュニケーションを担当する職員は, 他の人々への効果という面からストーリーを語る方法について常に注意を払っている。人々は他人が図書館サービスをどのように利用しているのか, そして, それが彼らの生活にどのような影響を与えているのかに興味を持っている。こうした機会に注意を払っていなければならない。なぜなら健康情報は, 人々の生活の質に重要な影響を与えうるものだからであり, 図書館が個人を助けるとともに, 地域社会の健康を促進する際に果たしている重要な役割のための力強い事例をつくることが可能だからである。

9.2 消費者健康情報サービスを広報するためのツール

図書館の消費者健康サービスに関するコミュニケーション活動では, これらのサービスに興味を持ってもらいたいと図書館が期待する地域社会の層を対象とするべきである。このサービスに対して責任のある職員は, サービスを補完するための特別なコミュニケーション計画を展開する必要があるだろう。計画には以下のようなよく知られた要素が含まれる。

- 計画を特定できる特別なロゴや標語。持ち帰り品, 例えばマウスパッドやマグカップや鉛筆など。これらにはサービスを宣伝するためのロゴや標語がつけられている。
- ヘルスケアに関する図書, カセット, ビデオ, ディレクト

リ，パンフレットなどの館内での展示。これらは図書館の一般的な健康情報源を展示することもできるし，ナショナルアウェアネスキャンペーンあるいは他のイベントと同時に開催するために，特定の病気——例えば乳がんやアルツハイマー症など——に焦点を当てたものも可能である。

● 図書館内の重要な場所や地域のいたる所に置かれたポスターやチラシ。パスファインダーはこのグループに分類される。これらは図書館が関心をひきつけたいと期待する層と同じ利用者にサービスをしている他の組織にも提供するべきである。理想的な場所は薬局，学校，スーパーマーケット，医療施設，高齢者センター，ショッピングセンターのキオスク，開業医の待合室，病院の待合室，社会福祉団体の窓口といった地域の各種の事務所である。

● 図書館自身のニュースレターや地域の組織のニュースレターへの記事の掲載。どんな地域においてもさまざまなニュースレターが発行されている。それらは地方自治体，地域の選挙で選ばれた役職者，地域の学校，地域の企業組合，慢性疾患の支援グループの地方支部（例えば関節炎財団，米国心臓協会，脳性麻痺協会，多発性硬化症協会，エイズの活動グループ）などによって発行されている。

● 電子媒体による図書館サービスの広報。例えば電子メールによるリストの提供や図書館のウェブページでの特集記事など。図書館は大変目につきやすい健康に関するウェブページの開発を検討するべきであり，ニュースレターによる広報の議論の中で，上で述べたようなグループのウェブページから，図書館の健康に関するページへのリンクを開設することを調べるべきである。

- テレビでの広報もまた検討するべきである。大都市圏では，これは図書館の職員や利用者への地方局によるインタビュー特集などを指すだろう。地方や郊外では，これは地域の一般向けケーブルテレビなどがよいだろう。
- 地方新聞での広報。こうした新聞は，プレスリリース記事や興味のわく話を送ることや，図書館での写真撮影の機会の提供を求めている。
- もし出費を伴ってもよいのであれば，図書館の活動に関するダイレクトメールも可能である。図書館は地方自治体や図書館友の会の郵便に抱き合わせて乗せることを決定してもよい。
- 館内や他の地域の場所で行われる，一般に公開された図書館行事。
- 地域の団体やクラブでのボランティアによる講演。

9.3　消費者健康サービス提供の一部としての行事企画

　公共図書館の行事は，多方面にわたるサービス計画の一部である。図書館行事では聴衆に知らせ，楽しませ，教育したりするために，講演者，デモンストレーション，公演，展示や，他のグループの活動を利用している。多くの公共図書館は，コミュニティーセンターや行事企画の場所として使うことのできる会議室を持っている。会議のための独立した部屋を持っていない小規模な図書館ですら，いくつかのタイプの行事企画にとりかかることは可能である。もし図書館が消費者健康情報の提供を重要な使命とみなしているのであれば，この使命によって蔵書構築やレファレンスサービスを実現す

ると同様に，行事企画を実現することが可能であろう。行事企画には普段は図書館を利用しない人々や，図書やコンピュータに親しんでいない人々をひきつけるというメリットもある。

　消費者健康情報への参画の一環として，図書館は健康に関する行事を他の行事と統合するべきである。もしそれが図書館にとって新しい領域であるならば，管理者は，どのような行事にとりかかるかを決定するための諮問委員会を設立したらよいだろう。この委員会のメンバーには消費者健康情報を担当する職員，コミュニケーション活動に責任のある職員，健康問題に関係する地域のグループの広報担当や代表者を含めることができる。より規模の大きな図書館では，行事企画のための特別な職員を持ってもよいだろう。しかし，多くの小規模あるいは中規模の図書館では，レファレンスや他の業務の職員が行事を展開することも期待される。負担を軽減するために，図書館システムの中で，あるいは他の地域の連携機関との行事の分担が望まれる。

　効果を得るためには，図書館は行事開催計画を持つことが望ましい。図書館が図書や非図書資料の蔵書構築方針を持つと同様に，図書館は行事の展開の方針を考えるべきである。この方針によって，図書館がとりかかろうとしている行事のタイプを描くことが可能であり，他の個人や機関と行事を共催するための条件を定めることもできる（行事開催の方針の例としては付録Aを見ること。付録Bには行事情報の書式の例が含まれている。）

(1) 行事の種類

　消費者健康情報の提供のために図書館が開催できるさまざまな種類の行事があり，支援グループへの講演やインターネットトレーニングから，地域での資金調達のための行進への参加までさまざまである。

　講演会や討論会：単発あるいは連続で開催する。これらの行事は，地域の疾病支援グループのような地域の他の組織との協同開催も可能である。このことはその主題に対する聴衆を明瞭にする助けとなるであろう。これらの講演会の的となる聴衆を知ることや，聴衆にとって適切な主題に焦点を当てることが重要である。聴衆をひきつけることに成功するためには，潜在的な参加者が宣伝を見る見込みのある場所に行事告知を置くことによって，さらに効果的な行事の広報に結びつくということである。

　図書館の非利用者のためのアウトリーチサービスによる行事企画：図書館は，図書館を利用していないが，消費者健康情報の行事やサービスを利用すれば恩恵を受けるであろう人々へ手を伸ばしたいと望んでいるだろう。これらの人々には，高齢者，マイノリティのグループ，慢性病を持つ人々などが該当するだろう。図書館は彼らに手を差し伸べる方法を見つけなければならないだろう。これには対象となる人々が属している教会，高齢者センター，その他の組織などを介してのチラシの配布によって行われるだろう。食料雑貨店，コインランドリーや，聴衆がよく行くと思われるその他の場所でのチラシを掲示することを考えなさい。もし，地域の中で英語を話さない人の人口が著しいものであれば，図書館は多言語で書かれたチラシを貼ったり，行事を紹介することのできるネ

イティブスピーカーを見つけたいものだろう。

地域の組織へのアウトリーチサービスによる行事企画：図書館は，青年商業会議所やロータリークラブ，PTA，女性支援団体といった特定の地域の組織や支援グループ，市民団体に対して行事を提供したいものだろう。これらの組織の施設での行事の開催を検討しなさい。このような方法で行われて，成功したと言える行事は，出席者に彼らが健康情報を必要とするときに図書館について考えるように促進するものである。

図書館内での支援グループを招くこと：図書館では，地域のグループによる教育的な性格の公開行事のための会議室の利用を許可していることだろう。図書館が地域のグループに会議室の使用を許可するのであれば，包括的な方針を持つことが重要である。その方針は評価されるグループや行事の種類や，そこでの参加費をとるかどうかについての問題点を網羅したものであって，すべての問題点について図書館は自身の行事の方針の中で扱うものであるだろう。

インターネット上の消費者健康情報を見つけるための講習：講習会には図書館でも他の場所が提供されてもよい。第7章で述べたいくつかの連携はこのタイプの活動を含んでいる。教会や地域の他の場所でのコンピュータを利用した健康リテラシー研修の提供は，地域の図書館サービスが未対応あるいは対応の弱い住民へ，図書館が手を届かせることを可能とする。講習会の例として，サンアントニオのテキサス大学健康科学センター（University of Texas Health Science Center）のウェブサイトを閲覧するとよい。このセンターは，一般向けの健康情報のためのインターネット利用トレーニングの開発を，Alamo Area Library System と共同で行っている。ニューヨー

ク公共図書館も一般向けの講習会を開催している。これらの講習会からの資料については，全米医学図書館ネットワーク（National Networks of Libraries of Medicine）のウェブサイトから見ることができるが，このサイトには指導者用概要（http://nnlm.gov/mar/training/begreader.html）や配布資料（http://nnlm.gov/mar/trainng/outhand.html），研修の評価（http://nnlm.gov/mar/training/evalpub.html）が含まれている。

図書館での健康フェアの計画，あるいはショッピングモールや学校といった地域の他の場所で開かれる健康フェアへの参加：健康情報の情報源を普及させるために，地域の医療センターを含む医療やウェルネスに関する団体との共同作業を行うとよい。一般向けの健康問題を扱った健康情報のパスファインダーを開発して提供しなさい。健康情報の見つけ方や評価する方法についてのガイドラインを提供しなさい。質の高い健康情報のインターネットサイトのリストを提供し，さらに健康情報を探しあてるためのインターネットの使い方について，デモを検討しなさい。健康に関する行事のスケジュールを配布しなさい。あなたの館の健康情報に関する行事を宣伝するために，パンフレットやペン，ビニールバッグや他の景品を配布しなさい。他の参加者に対して献血，高血圧の検診，皮膚がんの検診，インフルエンザの予防接種などの機会も提供されていることを勧めなさい。

移動図書館車と健康診断サービスの組み合わせを提供するために医療施設との提携をはかる：この行事計画では，地域を巡回することによって，アウトリーチサービスを提供することができる。

地域の資金調達のための行進への参加：こうした種類の活動

は，エイズ，多発性硬化症，がんの研究，その他の病気の支援グループの間では，春や秋にかなり一般的なものである。行進の出発点か終点を図書館として，参加者に軽食を振る舞うことで，図書館が消費者健康サービスに深くかかわっていることを地域に気づかせることができる。

1週間か1か月間に焦点をあてて消費者健康の行事計画を作成する：さまざまな行事を開催しなさい。ストレスの解消，健康的な食事，体に負担がかからないエクササイズといった話題を取り上げた実際の行事の開催には，地域の他のグループを巻き込みなさい。

特別な行事を主催する：例えば，よく知られた講師を招いた行事を計画して，それを図書館の会議室で開催しなさい。議論の多い問題ではなく，高齢者への薬の処方の適応範囲といった時宜を得た話題を取り上げなさい。この問題のあらゆる側面について語る講師を得るようにしなさい。この行事を後援する企業を見つけなさい。この種類の事業では注意深い計画立案が必要である。行事の立案戦略と活動のためのチェックリストは，Meskauskas の *Blueprint for Success* (1996) を参照すること。

"今月の病気"の行事に光をあてる：多くの月や週が重要な健康の話題に関心を呼び起こす期間として選ばれている。5月は，例えば，全国骨粗鬆症予防月間と全国高血圧教育月間である。他の特別な日や後援機関の連絡先は，Chase の「Calendar of Event」で確認しなさい。健康監視の日の日程のリストは Caphis Web site (http://caphis.mlanet.org/resources/observances.html)，国立健康情報センター (National Health Information Center) (http://www.healthfinder.gov/library/nho/)，米国病院協

会（American Hospital Association）の健康管理計画，および市場開発委員会のウェブページ www.shsmd.org/shsmd/index.jsp/ からも見つけることができる。

多くの専門的な組織や官庁では，健康監視の日のために使うことができる情報を発行している。国立心臓肺血液研究所（National Heart, Lung, and Blood Institute）は消費者情報について，図書館にある広報や情報提供の基礎として使用でき，チラシの書式を備えたウェブサイトを整備している多くの連邦機関のひとつである（www.nhlbi.nih.gov/index.htm）。図書館の職員の多くは，ニュース，資料や活動について定期的に電子メールで最新情報を受信するために，この研究所の健康情報ネットワークに登録することができる。

図書館内の展示によって行事を補完する：展示は，主題に関する図書やビデオ，その他の資料を目立たせることができる。利用者が手にすることができ,持ち帰ることができるしおり，パスファインダー，推薦図書リストは，また大変に有効である。図書館の健康情報に関するホームページでは，行事の主題に関しての最新の追加資料や情報を掲示しなさい。

9.4 評価

評価は，広報や行事の作業過程の重要な部分である。図書館は目標の成功を測定するために，サービスの利用者数，主題領域ごとの図書館資料の貸出冊数，消費者健康に関係したレファレンス質問の件数（可能であれば，消費者健康サービスを開始する以前の件数と比較する），図書館行事の開催回数，行事の参加者数，行事や活動が呼び起こした追跡記事や

インタビューの件数，出口評価やインタビュー，職員や計画委員会による行事後の批評，消費者健康サービスが個々の利用者にいかに役立ったかという逸話といった，さまざまな手段を使っている。将来にわたって継続する方法を知るために，行事がうまく機能していたか，していなかったかについて分析することが重要である。

Wolfe (1997) は，広報活動の評価について，広報の全般的なことと，特に行事に関することの双方から取り上げている。彼女は「全体的な評価をするための指針となる質問とは，『私たちの努力によって人々が今までと異なった行動をとったかどうか』ということだろう」と力説している (187)。Lear の *Adult Programs in the Library* (2002) は行事の評価について論じた章が収録されており，そこでは参加者による行事の評価や職員の報告の見本が含まれている。さらによい研究指向のアプローチのためには，全米医学図書館ネットワーク太平洋岸北西地区が発表した *Measuring the Difference* (2000) を参考にするとよい。

もしあなたの地域の中で図書館の消費者健康情報サービスについて誰もがまったく知らないとしたなら，図書館で優れたそれらのサービスを提供することは十分とは言えない。これらのサービスについて一般の人々とコミュニケーションをとることが重要であり，事業が成功するかどうかを決定できる要素でもある。広報やコミュニケーション計画の一部としての行事の企画は，消費者健康情報の提供に重要な意味を持つもので，特に読書をしない人や普段は図書館を利用しない人にとってはなおのことである。適切に策定されたコミュニケーション計画は，確実に図書館と消費者健康情報サービス

をはっきりと目に見えるものとし，図書館がサービスをしようとしている人々をひきつけることだろう。

引用文献

Chase's 2001 Calendar of Events. 2001. Chicago: Contemporary Books.

Lear, Brett W. *Adult Programs in the Library*. 2002. Chicago: American Library Association.

Measuring the Difference: Guide to Planning and Evaluating Health Information Outreach. 2000. National Network of Libraries of Medicine, Pacific Northwest Region, Sept. Accessed Sept. 2, 2001, http://nnlm.gov/evaluation/guide. (Spiralbound copies may be requested online.)

Meskauskas, Debora. 1996. "Blueprint for Success." *American Libraries* 27, no. 7 (Aug.): 77.

Nebraska Library Commission, Library Development Services. "Reach Out! Using Electronic Resources to Serve Your Community. Market the Library." Online minicourse. www.nlc.state.ne.us/libdev/mini-courses/outreach/index.html.

Wolfe, Lisa A. 1997. *Library Public Relations, Promotions, and Communications: A How-to-Do-It Manual*. New York: Neal-Schuman.

付録 A

ラドノー郡区記念図書館（The Memorial Library of Radnor Township）成人向け行事の方針（2001 年版）

　図書館の成人向け行事は情報，レクリエーション，教育に関する図書館の使命を補完し向上させることを目的とする。行事は対象となる利用者の関心をひくように計画される。それぞれの行事の潜在的な利用者は前もって特定され，行事の

ための広報はこの利用者に届くように作成される。

2001年の行事企画の優先事項は：
- 全米図書館週間（National Library Week）の日曜日に催される，チャンティクリアガーデニング教室（対象とする利用者は，地域社会の成人全般と地域のガーデニングと，いけばなクラブの会員）
- 全米図書館週間の期間中に催される，数世代が参加できるレクリエーション行事（対象とする利用者は，家族グループ）
- 11月に催される，ラドノー歴史協会と共同で開催する郷土史の講義（対象とする利用者は，歴史協会，図書館友の会，地域の成人団体の会員）
- 図書館友の会と共同で開催する1，2名の作家の講演（対象とする利用者は，図書館友の会の会員，地域の成人グループの会員）
- 消費者健康，多分，地方官庁や地域の高齢者センターと共同して高齢者の健康問題に焦点を合わせたものと，地域の病院，支援グループ，郡の機関と共催による健康フェアのようなウェルネス行事である（対象とする利用者は，高齢者と地域の成人グループ）
- 図書館の主題展示と連動した，検閲に関する発禁本週間（Banned Book Week）の行事（対象とする利用者は，地域の成人グループ）
- ウクライナイースターエッグの装飾の成人向けクラフト教室（対象とする利用者は，地域の成人グループ）
- 本の討論の会，"4＋"（対象とする利用者は，この行事のためにすでにあるグループ，引退した人々，一日行事に参

加することができる地域コミュニティの他のメンバー）

計画に関連する全般的方針

　図書館が提供する行事は，職員によって計画と調整がされなければならない。図書館長は他の機関との共同開催による行事を認める必要がある。図書館は非営利団体との行事の共同開催を好むだろう。もし共同開催するグループが営利団体であるなら，行事の内容は厳密に教育的で，情報を提供するもので，かつ図書館長が行事の内容について最終的な承認をしたものでなければならない。図書館長は，行事に関してのすべての情報伝達を，地域への公表に先立って検討しなければならないだろう。

　他の非営利団体が無料の地域の行事のために，図書館の会議室の予約申し込みをすることができる。これらの行事では，広報では図書館の後援をほのめかしてはならない。会議室内のすべての行事は，一般に公開されたものでなければならない。特別の状況によっては，図書館長の事前の承認によって，参加者を特定の年齢のグループや人数に限定することが可能である。

　図書館が後援する行事に付随する経費は予算化され，予め館長によって承認されたものでなくてはならない。クラフト教室の行事について材料費を請求する場合のほかは，すべての図書館行事は一般へ無料で提供される。

付録 B

ラドノー郡区記念図書館行事情報の書式例

```
行事名：_____
担当職員：_____
開催日：_____
時間：_____（午前／午後）から _____（午前／午後）まで
      設営開始時間 _____（午前／午後）
行事内容：_____
_____

主催者（該当する全てにチェック）：
  図書館 _____
  図書館友の会 _____
  共催者 _____（共催団体名および連絡先）：_____
予約済みの会議室（もし必要なら）：_____
広報担当職員：_____
広報の計画：
  ポスター（3～4週間前）_____
  チラシ（4週間前）_____
  図書館友の会会員へのはがき（3～4週間前）_____
  テレビのチャンネル16，チャンネル22，図書館のウェブサイト
    での案内（4週間前）_____
  WEAニュースレターでの案内（6週間前）_____
  郡区の行事カレンダー _____
  新聞（3～4週間前）_____
  その他 _____
軽い飲食物は？必要 _____ 不要 _____
  何を出すか？ _____
  もし必要であれば，誰が責任者か？ _____
会議室の設営（ぜひ図面を書いてください。）
  誰が担当するか？ _____
  何が設営に必要か？
      マイク ____ テーブル ____ イーゼル ____
      ビデオカセットレコーダー ____
プロジェクター ____ スクリーン ____
```

9章 消費者健康情報サービスのための広報と行事企画

訳者あとがき

　我が国の社会の在り方が，自己判断自己責任型へ変化しつつある，といわれて久しい。自己判断自己責任を基本として社会を運営するには，市民の一人一人が「判断」を間違いなく行うための知識，情報を確実に入手できなくてはならない。そのためには，日常的に誰でも自由に利用できる情報提供のための社会的インフラの整備がなによりも重要であり，この点から公共図書館の存在意義はこれまでになく大きくなっている。

　『これからの図書館像－地域を支える情報拠点をめざして（報告）』（文部科学省　2006）では，公共図書館において地域の課題を解決するための情報提供を行う重要性がくりかえし述べられている。特に高齢化対策，医療コストの削減，インフォームドコンセントのためのセカンドオピニオンの必要性などから，地域への医療健康情報の提供は，公共図書館の取り組むべき最重要課題のひとつである。

　しかし，我が国の公共図書館においては，医療健康情報の提供に関する実績がほとんど存在しないことから，現場での取り組みの一助となるよう当ガイドの翻訳が企画された。平成16年度東京都図書館協会研究助成を受けて，医学・看護系図書館と公共図書館の司書で構成された「公共図書館による医学情報サービス研究グループ」が主として翻訳を行い，日本図書館協会健康情報研究委員会が翻訳の協力と出版までの作業を担当した。

　人員の削減などにより，図書館現場の事務量は大幅に増加している。当ガイドは，その現場の業務のあい間をぬって現職の司書が力

を合わせて翻訳に取り組んだものである。ぜひとも各地の図書館において実際の医療健康情報サービスに役立てていただきたいと思う。また「公共図書館員のための」となっているが，市民へ医療健康情報の提供を企画している他の館種の図書館やボランティア団体などにも大いに役立つ内容である。

　愛知淑徳大学の野添篤毅先生には，大変お忙しいなか単なる監修を越えて，くりかえし全文に目を通していただき，さらにメンバーに対して適切なアドバイスをいただいたばかりでなく，要所要所に筆を入れていただいた。先生のお力がなければ，当ガイドの刊行は不可能であったことを記し，心より感謝申し上げる。

2007年4月
　　　　　　　　　　社団法人日本図書館協会　健康情報研究委員会
　　　　　　　　　　　　　　　　委員長　常世田　良

事項索引

*本文中の事項を五十音順に配列しました。
*参照は「→」(を見よ)で表示しました。

【あ行】

アウトリーチサービス ………… 246-247
アクセス ………………………… 63,67
「医学図書館員のための倫理綱
　領」 …………………………… 63,64
医療消費者 ……………………………18
医療消費者主義 ………………………14
インターネット ………………… 24,158
インターネット情報源 ……………178
インターネットフィルタリング …72

【か行】

行事企画 …………………………240,244
計画立案 ……………………………221
ゲートウェイ ………………………166
健康消費者 ……………………………11
健康フェア …………………………248
健康リテラシー ……………………143
検索戦術 ………………………………41
広報 …………………………………240

【さ行】

雑誌 …………………………………119
資金調達 ……………………………221

視聴覚資料 …………………………124
「児童インターネット保護法」 ……72
消費者・患者健康情報部会　→
　米国医学図書館協会消費者・
　患者健康情報部会
情報探索 ………………………………13
情報探索行動 …………………………17
情報ニーズ ……………………………21
選書 ……………………………………97
選書基準 ……………………………100
全米医学図書館ネットワーク
　…………………………… 167,195,226
蔵書管理方針 …………………………92
蔵書構築 ………………………………89
組織間連携 …………………………204

【た行】

地域需要評価 …………………………4
ディスカッショングループ ………171
データベース ………………………162
点検・除架 …………………………104
「図書館サービスおよび技術法」
　…………………… 73,206,216,226,235

【な行】

ニュースレター ……………………… 119
ニューヨーク健康オンラインアクセス
　→　NOAH

【は行】

パスファインダー ……………… 189,194
バーチカルファイル ……………… 134
パンフレット ………………………… 131
フォーカスグループ …………………… 7
付加価値付きサービス …………… 188
プライバシー ………………………… 67
米国医学図書館協会 …… 62,137,191,
　196,217
　－消費者・患者健康情報部会
　………… 108,110,129,191,196,217
米国国立医学図書館 …… 56,162,193,
　196,206,216,226,236,238
米国図書館協会 ……… 62,65,68,69,73,
　142,206,236
　－図書館管理・経営部会 … 236,238
「米国図書館協会倫理綱領」
　……………………………… 63,66,76
ヘルスケア専門家 …………………… 15
法的問題 ……………………………… 69
補完代替医療 ………………………… 177

【ま行】

メタサイト …………………………… 166
免責事項 ……………………………… 81

【ら行】

リンク集 ……………………………… 190
倫理綱領 ……………………………… 62
倫理的責任 …………………………… 61
レファレンスインタビュー ……… 37,41,45
　－電子メール ……………………… 47
　－電話 ……………………………… 45
レファレンスガイドライン ………… 79
レファレンスサービス ……………… 36

【アルファベット順】

C. エベレット・クープ地域健康情報センター …………… 23,43,104,134,
　145,215
Cochrane Database of Systematic Reviews ……………………… 164
Consumer and Patient Health Information Section: CAPHIS
　→　米国医学図書館協会消費者・患者健康情報部会
The Consumer Health Information Sourcebook ……… 110,121,136,143
Healthfinder ……… 116,121,132,166,180
Healthy People 2010 ………… 9,140-141
MEDLINE …………………………… 162
MedlinePlus ………… 116,132,148,163
NLM Gateway ……………………… 163
NOAH ………………………… 166,210
PubMed …………………………… 163,177
「STAR レファレンスマニュアル」
　……………………………… 39,59,64,135

●著者紹介

Andrea Kenyon は，College of Physicians of Philadelphia の Katherine A. Shaw Division of Public Services の部長である。彼女は C. エベレット・クープ地域健康情報センターを創設し，運営も行っている。彼女は質の高い消費者健康情報へのアクセスとその提供を推進するために，20年以上にわたって消費者健康情報分野の図書館職の分野で働いてきた。彼女は一般市民に健康情報を提供する公共図書館の図書館員を訓練し，支援するという広範な経験を持っている。彼女は数々の専門協会の委員会において，例えば米国医学図書館協会の消費者・患者健康情報部会の部長，米国医学図書館協会フィラデルフィア支部の会長，Health Science Libraries Consortium の会長を含め，数多くの役職を務めてきた。

Barbara Palmer Casini は，ペンシルバニア州ウェイン市の Memorial Library of Radnor Township の館長である。彼女は公共図書館と保健科学分野の図書館の両方において，20年以上にわたって一般市民に対して健康情報を提供してきた。フィラデルフィアの Albert Einstein Healthcare Network の図書館サービス部門の部長として，彼女は他の病院の部門と連携して図書館の消費者健康情報サービスを監督していた。Einstein Network での彼女のお気に入りの仕事のひとつが，Moss Rehabilitation Hospital Resource and Information Center for Disabled Individuals のための MossRehab ResourceNet Website（www.mossresourcnet.org）の開発だった。彼女は数々の専門協会において，例えば Pennsylvania Library Association（1999）の会長，米国医学図書館協会フィラデルフィア支部（1992-93）の支部長を含め，数多くの役職を務めてきた。

●訳者紹介

[監訳者]
野添篤毅（のぞえ　あつたけ）
慶應義塾大学大学院文学研究科図書館・情報学専攻を修了後，慶應義塾大学北里記念医学図書館，（財）国際医学情報センター，図書館情報大学（現筑波大学）教授，愛知淑徳大学文学部図書館情報学科教授などを務める。その間，米国国立医学図書館 MEDLARS 研修生，米国イリノイ州立大学図書館情報学大学院客員研究員，ピッツバーグ大学情報学大学院客員研究員，厚生労働科学研究「患者・家族のための良質な保健医療情報の評価・統合・提供に関する調査研究班」班員などを務める。現在，愛知淑徳大学名誉教授，NPO法人医学中央雑誌刊行会理事，国立保健医療科学院客員研究員。

[訳者]（五十音順）
赤沢友子（あかざわ　ともこ）担当　6章
　（財）東京都医学研究機構　東京都神経科学総合研究所図書室
牛澤典子（うしざわ　のりこ）担当　7章
　東邦大学医学メディアセンター
小林順子（こばやし　よりこ）担当　3章
　浦安市役所市民課
杉江典子（すぎえ　のりこ）担当　2章，8章
　駿河台大学文化情報学部准教授
鷹野祐子（たかの　ゆうこ）担当　5章
　（財）東京都医学研究機構　東京都神経科学総合研究所図書室
中山康子（なかやま　やすこ）担当　4章
　東京都立中央図書館
柚木　聖（ゆのき　きよし）担当　はじめに，1章，9章
　浦安市立中央図書館

◆JLA 図書館実践シリーズ　6
公共図書館員のための消費者健康情報提供ガイド

2007 年 4 月 10 日　　初版第 1 刷発行 ©

定価：本体 2000 円（税別）

著　者：アンドレア・ケニヨン，バーバラ・カシーニ
訳　者：公共図書館による医学情報サービス研究グループ
監訳者：野添篤毅
発行者：社団法人　日本図書館協会
　　　　〒104-0033　東京都中央区新川1-11-14
　　　　Tel 03-3523-0811(代)　Fax 03-3523-0841
デザイン：笠井亞子
印刷所：アベイズム㈱　　Printed in Japan
JLA200701　　ISBN978-4-8204-0701-0
本文の用紙は中性紙を使用しています。

JLA 図書館実践シリーズ　刊行にあたって

　日本図書館協会出版委員会が「図書館員選書」を企画して20年あまりが経過した。図書館学研究の入門と図書館現場での実践の手引きとして，図書館関係者の座右の書を目指して刊行されてきた。

　しかし，新世紀を迎え数年を経た現在，本格的な情報化社会の到来をはじめとして，大きく社会が変化するとともに，図書館に求められるサービスも新たな展開を必要としている。市民の求める新たな要求に対応していくために，従来の枠に納まらない新たな理論構築と，先進的な図書館の実践成果を踏まえた，利用者と図書館員のための出版物が待たれている。

　そこで，新シリーズとして，「JLA図書館実践シリーズ」をスタートさせることとなった。図書館の発展と変化する時代に即応しつつ，図書館をより一層市民のものとしていくためのシリーズ企画であり，図書館にかかわり意欲的に研究，実践を積み重ねている人々の力が出版事業に生かされることを望みたい。

　また，新世紀の図書館学への導入の書として，一般利用者の図書館利用に資する書として，図書館員の仕事の創意や疑問に答えうる書として，図書館にかかわる内外の人々に支持されていくことを切望するものである。

2004 年 7 月 20 日
日本図書館協会出版委員会
委員長　松島　茂